Vom Hörensagen

W0178691

KIRCHE IM AUFBRUCH
Reformprozess der EKD

Herausgegeben vom Kirchenamt der EKD
Band 14

Dietrich Sagert

Vom Hörensagen

Eine kleine Rhetorik

Im Auftrag des
Zentrums für evangelische Predigtkultur

 EVANGELISCHE VERLAGSANSTALT
Leipzig

Dietrich Sagert, Dr. phil., Jahrgang 1963, studierte Theologie, Philosophie, Musik und Theater. Er wurde im Bereich Kulturwissenschaft über Andrej Tarkowskij (HU Berlin) promoviert und arbeitete als Theaterregisseur u. a. in Paris und Luxemburg. Derzeit ist er Referent für Redekunst/Rhetorik am Zentrum für evangelische Predigtkultur der EKD in Wittenberg. Sagert lebt in Berlin.

Bibliographische Information der Deutschen Nationalbibliothek
Die Deutsche Nationalbibliothek verzeichnet diese Publikation in der
Deutschen Nationalbibliographie; detaillierte bibliographische Daten
sind im Internet über http://dnb.dnb.de abrufbar.

2. Auflage 2016
© 2014 by Evangelische Verlagsanstalt GmbH · Leipzig
Printed in Germany · H 7782

Das Buch wurde auf alterungsbeständigem Papier gedruckt.

Gesamtgestaltung: Kai-Michael Gustmann, Leipzig
Druck und Binden: Hubert & Co., Göttingen

ISBN 978-3-374-03801-5
www.eva-leipzig.de

Für L. + L.

Vorwort

Dieses Buch ist ein Spielbuch. Sie, die Lesenden, können mit ihm spielen, darin herumblättern, sich auf die Suche machen, Bruchstücke finden, lesen, etwas ausprobieren, weiterblättern, denken, eine Spur aufnehmen, zurückblättern, etwas wiederholen, einen Gedanken auf andere Weise noch einmal denken, ihn verwerfen, blättern, etwas Neues entdecken, sich an etwas Bekanntem erfreuen, Verbindungen herstellen ...

Ich habe vieles in dieses Buch und zuvor in die Arbeit, aus der es entstanden ist, eingespielt: Lektüren und Gedanken aus unterschiedlichen Disziplinen, Erfahrungen aus künstlerischen Produktionsprozessen, Erinnerungen an frühere Studien, Befremdungen vielfältiger Art aus verschiedenen Lebens- und Arbeitswelten. Dieses Buch ist ein vielstimmiges Buch. Manches bleibt verschwiegen.

Durch das Buch hindurch zieht sich das Spiel mit dem Vokabular der klassischen Rhetorik. Ich habe mit den rhetorischen Begriffen gespielt. Einigen habe ich praktische Beobachtungen und Experimente zugeordnet. Im Laufe der Zeit habe ich sie immer wieder mit konkreten Personen durchgespielt. Sie haben sich stabilisiert, aber sie sind Fragmente geblieben, Fundstücke der praktischen Arbeit. Sie können sich mit ihnen auf Ihren eigenen Übungsweg machen, sie für sich anspielen und auf die Probe stellen. Andere rhetorische Begriffe habe ich in denkerischen Spielereien variiert, ihre alten Zusammenhänge erforscht und sie in neue Zusammenhänge hineingestellt. Dabei habe ich beobachtet, wie sie sich verändern.

Das Buch ist nicht vollständig. Es ist nach allen Seiten offen. Sie als Lesende können den vorgeschlagenen Lektürepfad aus dem Buch hinaus folgen. Wenn Sie wieder zurückfinden, können Sie leicht wieder einsteigen, erneut herumblättern, bis das Buch Ihnen etwas zuspielt. Dieses Buch ist auch in dem Sinne nicht vollständig, als dass es Sie aufs Lesen selbst verweist und schließlich erneut zu den hypothetischen Fundstücken zurückführt. Diese müssen ihren thetischen Gehalt immer wieder in Ihrer eigenen Arbeit erweisen. Insofern ist dieses Buch endlos, ohne Werk, ein Spielbuch.

Inhaltsverzeichnis

THEMA

HYPOTHESE

CODA

Nachspiel

THESE

Cura homiletica ist der Name des Coaching-Programmes, das das Zentrum für evangelische Predigtkultur in Wittenberg entwickelt hat und mit unterschiedlichen Partnern beständig weiterentwickelt. Diese latinisierende Bezeichnung will schnelllebigen und konsumorientierten Anglizismen ausweichen.

Sie birgt eine These: Im Gedanken der Pflege, Sorge und Zuwendung des lateinischen *cura* steckt die Grundüberzeugung dieses Programms: Bei der Predigtarbeit geht es um Handwerkliches. In Vorbereitung und Predigt selbst ist die Person des Predigers zentral.

Es geht darum, die Einzigartigkeit dieser Personen zum Blühen zu bringen: das, was sie antreibt zu jener werklosen Tätigkeit, die man Glauben nennt, das, was sie zu einer spirituellen Person macht, deren Erfahrungen und Erkenntnisse ihre Predigt mitteilt. In der Einzigartigkeit der Person erfinden Predigerinnen und Prediger Worte, Töne, Blicke und Gesten einer Gegenwart, die sich verschenkt: eine Predigt.

Dies ist ein voraussetzungsreiches Geschehen. Aber alle Voraussetzungen konzentrieren sich im Vortrag einer Predigt; oder sie heben sich in ihrer Darbietung, ihrer Performanz auf. Dies ist das Feld der praktischen Rhetorik, dem Teil einer *cura homiletica*, der sich dem Auftritt der Person der Predigerin und des Predigers widmet.

Beobachtungen

Ein erfahrener, älterer Pfarrer steht in würdiger Haltung hinter einem Rednerpult und begrüßt in väterlicher Art verschiedene Gemeindegruppen, auch Einzelpersonen. Gelegentlich blitzen seine Augen vom Manuskript auf, vage in die Zuhörerschaft gerichtet: Ob sie noch da sind? Und die Augen versinken sofort wieder im Manuskript. Der Pfarrer sieht die Menschen nie an. Die Worte der Rede wollten Menschen begrüßen. Die Darbietung begrüßte lediglich das Manuskript.

Eine junge, energetisch wirkende Vikarin steht in eigenartig schräger Position hinter dem Pult. Ihre Hände halten sich beide am Pult fest. Sie wirkt angespannt, atmet flach und redet abgehackt von der Liebe Gottes. Ihre Füße stehen in Schrittstellung: Nichts wie weg hier!

Ein groß gewachsener, sportlich wirkender, junger Pfarrer spricht würdevoll, seine Stimme wirkt älter und klingt tiefer, als wenn er normalerweise spricht. Er hat kluge Gedanken gut formuliert. Seine Hände zappeln unablässig den Pultrand rauf und runter oder zwischen dem Manuskript und dem Pultrand hin und her. Sie erzählen eine andere Geschichte.

Ein Pfarrer mittleren Alters spricht zu seiner Gemeinde. Er steht auf der Kanzel, wirkt gut vorbereitet und hat die Tendenz zu einem leicht pastoralen Ton, was ihn durchaus sympathisch wirken lässt. Seine Augen sind aufgerissen, seine Stirn in Falten gelegt, als sagten sie: Bitte, bitte tut mir nichts, ich hab' so eine Angst. Im Verlauf der Predigt werden immer wieder Fragen gestellt, immer mehrere hintereinander. Doch nie lässt der Pfarrer auch nur einen Moment des Nachdenkens für die Zuhörenden. Er gibt alle Antworten selbst.

Ein anderer Pfarrer mittleren Alters predigt brillant mit witzigen Formulierungen. Sein Gesichtsausdruck ist von tragischem Ernst.

Eine erfahrene und bekannte Pastorin predigt auf der Kanzel. Sie wechselt zwischen ihrem Manuskript, der Bibel und einem anderen Buch. Das jeweils nicht Benutzte legt sie auf der Brüstung der Kanzel ab. Sie spricht routiniert, ihre Hände und ihr Körper ergänzen nebenbei: Meine Güte, ist das eng hier oben und unbequem.

Viele PfarrerInnen und Pfarrer sprechen artikuliert und echt am Pult, auf der Kanzel oder auch nur mit dem schwarzen Ringbuch in der Hand. Doch ihre Blicke hasten unablässig zwischen dem Manuskript und den Zuhörern hin und her. Was auch immer sie sagen, die Blicke erzeugen eine graue Nervosität zwischen »Sind sie noch da?« und »Meine schöne Formulierung!«

Eine junge Pfarrerin predigt überraschend originell, kein Kanzelton, riskante Gedanken. Sie steht auf einem Bein. Das andere tänzelt ständig vor und zurück, nicht selten sogar an der Seite neben dem Pult hervor. Wo will sie eigentlich hin?

Ein älterer Pfarrer im leitenden Amt steht aufrecht hinter dem Pult. Er spricht schnell und bestimmt, seine Hände unterstützen seine Worte mit angezeigtem Metermaß, gelegentlich mit erhobenem Zeigefinger. Seine Stimme ist immer ein wenig zu laut. Nur gelegentlich huscht ein jugendliches Lächeln über sein Gesicht. Im normalen Gespräch wirkt er nachdenklich und verständnisvoll, eher sensibel.

Perspektiven

Nicht immer sind die Ausgangssituationen einer *cura* so, wie hier leicht zugespitzt und verfremdet geschildert. In der praktischen Situation genügen oft ein kleiner Hinweis und ein wiederholtes Ausprobieren, um eine Veränderung in Gang zu setzen. Eigentlich weiß jede um ihre Schwäche, ahnt jeder den Grund für sein Unwohlsein. Es hat nur noch keiner oder schon lange keiner mehr liebevoll darauf hingewiesen. Es ergab sich nur noch nie eine Gelegenheit, einmal etwas anderes auszuprobieren. Diese Suchbewegungen gestalten sich in aller Regel vergnüglich. Es geht darum, herauszufinden, was zu wem und in welche Situation passt und was angemessen erscheint. Oft erleichtert allein der Gedanke, dass man in verschiedenen Situationen unterschiedliche Mittel zur Verfügung hat. Es könnten unterschiedliche Register dessen, was man Predigt nennt, beschrieben werden, in denen man je nach Typ unterschiedlich agieren kann. Jede einzelne Form – die klassische Festpredigt von der Kanzel; die freie Kurzpredigt mit dem einen Gedanken, den man auswendig behalten kann, nah bei den Menschen, ohne Manuskript; die Predigt vom Pult mit einem freien Erzählteil, währenddessen man das Pult verlässt, um zum Schluss wieder zurück ans Pult zu kommen; die Textpredigt, während der ein Bibelabschnitt direkt aus der Bibel gelesen wird, vielleicht sogar von einem Gemeindeglied; die Predigt mit Unterbrechungen durch Musik oder Stille; etc. – kann geübt und je nach Person profiliert, weitere können erfunden werden.

In der praktischen Übung eröffnet sich ein intensives Arbeits- und Gestaltungsfeld. Schon eine positive Erfahrung von Veränderung ermutigt zur Weiterarbeit, denn oft sind es die kleinen, unscheinbaren Gestaltungsmittel, die eine Rede näher an die Person des Redenden herankommen lassen und somit auch an diejenigen, die zuhören.

THEMA

Praktische Rhetorik I

Eine Rede hat keinen anderen Körper als den des Redners oder der Rednerin. Oftmals ist dieser Körper zugleich ein anderer, weiterer Redner. Aber beide sollten sich nicht direkt widersprechen, zumindest nicht ungewollt.

Ein oft zu beobachtendes Auseinandertreten der verschiedenen Redner in einer Person ist zunächst der Öffentlichkeit der Auftrittsituation geschuldet. Die öffentliche Situation provoziert eine Unsicherheit, die die Person sichtbar auseinanderfallen lässt. Plötzlich erscheint eine Person wie unter dem Blick eines kubistischen Malers. Körper, Bewegungen, Gesten und Blicke wirken fragmentiert und zeigen diese Fragmente gleichzeitig, was eigenartig deformiert wirkt. Das geht nicht nur Rednerinnen und Rednern so. Nur lernen sie es selten, in der Öffentlichkeit aufzutreten. Im Unterschied zu anderen Darstellenden wie Tänzerinnen oder Schauspieler sind Rederinnen und Redner ebenso wie Predigerinnen und Prediger mit ihrer Begabung und ihren Ängsten allein gelassen. Ihre Erfahrungen gleichen folgendem Experiment des modernen Tanzes, der sich bis heute immer wieder der künstlerischen Analyse von Alltagsbewegungen widmet:

In der *Judson Church*, einer Kirche in New York City, erforschten in den Sechzigerjahren Tänzer, Choreographen und Theaterleute die Wirkungen des Alltags auf der Bühne. Als Mikhael Baryshnikow vierzig Jahre später mit seinem *White Oak Project* dieses Experiment – jeweils um eine aktuelle Choreographie der damals beteiligten Künstler erweitert –

in Paris wieder aufführte, waren ihre Ergebnisse immer noch überraschend.

Zu einer Versuchsanordnung wurden ungefähr 20 Statisten ausgewählt, die in ihrer Zusammensetzung in Alter, Geschlecht und Herkunft repräsentativ für die das Theater umgebenden Wohnviertel waren. Diese ›normalen‹ Leute sollten nichts weiter tun, als einzeln vor voll besetztem Publikum bei Bühnenbeleuchtung von einer Seite der Bühne zur anderen zu gehen. Einfach gehen. Zur Orientierung wurde ihr Auftritt von einer Person begleitet, es war eine weiße Linie auf dem Bühnenboden markiert. Auf der gegenüberliegenden Seite wurden die Menschen wieder von einer Person empfangen. Zur Sicherheit wurde das Prozedere in einer Probesituation einmal durchlaufen.

Was geschah? Unter dem Blick der Zuschauer stockte bei den ›Darstellern‹ plötzlich der Gang in seinem gewohnten Vollzug. Sie blieben stehen und gingen ungelenk weiter oder rannten panisch von der Bühne. Andere verfielen in Passgang. Wieder andere sahen schockiert ins Publikum und blieben wie angewurzelt stehen, um sich nach Schrecksekunden verschämt von der Bühne zu stehlen ...

Stellen wir uns einen Gottesdienst wie im Experiment der *Judson Church* vor. Es würden so einige der handelnden Personen als liturgischer Passgänger, verschämte Situationsflüchterin oder als hinter der Fassade Schreckenserstarrter offenbar.

Selten jedoch wird der Schock einer plötzlichen Öffentlichkeit so drastisch sichtbar wie bei den Statisten dieses Tanzprojektes. Und dies schon aus dem einfachen Grund, weil die Personen selten derart ungeschützt ausgestellt sind. Auftretende lernen es, sich zu schützen, die Scham und Scheu, Verlegenheit und Angst wenn nicht zu überwinden, so doch zu beherrschen – ist doch die Aufregung bei

Anlässen öffentlichen Auftretens auch ein unverzichtbarer Stimulus. Je nach Begabung und Lernfähigkeit gelingt es, für sich selbst eine öffentliche Person, eine Rednerin, einen Prediger ›herzustellen‹. Dies geschieht nicht selten, indem man bewusst oder unbewusst bewunderte Personen nachahmt. Dieses Nachahmen hat auch sein Recht. Nur wird es problematisch, wenn die Kopie sich nicht von ihrem Original befreit: Eben dann fallen sie sichtbar auseinander und karikieren sich gegenseitig. Die Kopie wird zum Tick, zur schlechten Angewohnheit, hinter der eine andere Person sich versteckt und wie erstarrt ist.

Die Situation einer Rede ist eine komplexe Situation, gerade weil sie aus mehreren verschiedenen Komponenten zusammengesetzt ist, die jede für sich genommen spezialisiert werden könnten (und es in anderen Disziplinen auch sind), jedoch im Moment der Rede miteinander agieren müssen. Da ist keine Tänzerin. Und doch ist da ein Körper, Atem, sind Positionen und Gesten im Raum. Da ist kein Sänger. Und doch ist da eine Stimme, ist Klang im Raum. Da ist kein Schauspieler. Und doch sind da Haltungen, Blicke und Charme. Da ist keine Dichterin. Und doch sind da Worte, ist Sprache gesprochen. Da ist kein Denker. Und doch sind da Gedanken, geformt und zugespitzt, Mitteilungen. Da ist kein Liebespaar. Und doch sind da Leidenschaft, Emotion und Kontakt. Und das alles in einem Raum, in dem andere Menschen sind, die ihrerseits ... zuhören.

Wenn ein Redner oder eine Rednerin an ein Pult tritt, dann steht da ein Körper, der erzählt. Zuerst steht er. Wie steht er? Es ist hilfreich, eine Haltung zu finden und einzuüben, die auch in verunsichernden Situationen Halt gibt. Die Füße in schulterbreitem Abstand, auf beiden Beinen, aufgerichtet, leicht nach oben gestreckt, die Brust leicht vor-, die Schultern leicht zurückgespannt, den Bauch straff, die oberen Halswirbel nach oben gerichtet wie eine Kleistsche Marionette, den Kopf leicht nach hinten, dabei das Kinn noch leichter nach unten. Aufrecht, gespannt und doch entspannt mit königlichem Blick nach vorn, ausatmen, tief ausatmen und die Luft wieder einströmen lassen: Ich stehe. Die Hände ruhen seitlich am Körper oder sie ruhen entspannt auf dem Pult oder sie berühren sich wissend vorm oberen Bauch, machen kurz halt, bevor sie ihre Geschichte erzählen, ganz zurückhaltend, oder gestikulierend mit den Worten, ihnen gelegentlich voran eilend. Je nach Person, je nach Situation, je nach Neigung. Von dieser Haltung aus, selbst wenn sie nur einen kurzen Moment eingenommen wird, einem Sprungbrett gleich, ist alles möglich. Zu ihr kann die Rednerin jederzeit zurückkehren, kurz innehalten und wiederum von ihr aufbrechen.

Diese Grundsituation kann sehr unauffällig sein. Sie wird nicht besser oder schlechter dadurch, dass sie schüchtern skizziert oder in ciceronischer Geste vollführt wird. In jedem Fall jedoch bildet sie einen erholsamen Ausgangspunkt. Sie lässt den Stress, die Angst, den in die Redesituation hineinspülenden Alltag zurück, nimmt die Zuhörenden in den Blick, begrüßt sie vor jedem noch ausgesprochenen Wort wie gute Freunde: »Guten Tag, ich habe das Vergnügen, Euch folgendes vorzutragen, ja, folgenden wundervollen Gedanken mit Euch zu teilen.« Diese Begrüßung kann ritualisiert und formalisiert sein, wie beim Kanzelgruß einer Predigt. Lässt sie jedoch die konkrete und einfache Situation einer Begrüßung außer Acht, nimmt sie die konkreten Menschen nicht in den Blick, blickt die redende Person die Zuhörenden nicht an, sondern flackert ›blicklich‹ zwischen Zuhörerschaft und Manuskript. Die Begrüßung fand nicht statt.

Selbst wenn eine Anzahl konkreter Namen es nötig machen, sich auf dem Manuskript zu versichern, ist der Blick bei einer Begrüßung das Wichtigste: Die Zeit muss sein; das gebietet eine allgemeine menschliche Höflichkeit, wenn denn tatsächlich zuhörenden Menschen etwas gesagt, und das heißt: mitgeteilt werden soll.

Die Ausgangssituation einer Rede, von der aus die Begrüßung die erste reale Zuwendung zu den Menschen im Publikum darstellt, ist Ausdruck der Haltung, mit der sie gehalten wird. Sie ist Ausdruck des Standpunktes, von dem aus sie vorgetragen wird. Wenn auch häufig ein Pult dem oder der Redenden eine Stütze oder einen schützenden Rückhalt bietet, so ist ein Pult doch lediglich eine orthopädische Redehilfe der Haltungen oder Standpunkte der Redner. Derartige Redehilfen sind wie ein äußeres Skelett; sie ersetzten die Haltung nicht, von der aus und in der eine Rede gehalten wird. Der wirkliche, und das heißt hier: der wirksame Standpunkt, die wirksame Haltung wird durch die Person gebildet und durch den Körper ausgedrückt, der mit Blick, Geste, Klang und Raum einen Kontakt herstellt. Die Person bildet mit den von ihr gesprochenen Worten ein Verhältnis. Dieses Verhältnis ist vielgestaltig und ausdrucksstark. Aber es lässt sich immer auf einfache Vorgänge zurückführen, wie sie auch im Alltag jenseits von öffentlichen Redesituationen vorkommen: Begrüßen, Erzählen, Belehren, Bevormunden, Manipulieren, Lügen, Ermutigen, Stärken, Loben, Beglücken …

Das Spektrum dieser Vorgänge zwischen Worten und Körpern ist immer offen und ungeschützt, nackt. Die Legende erzählt, wie Franz von Assisi auf dem Marktplatz seiner Vaterstadt seinem Vater seine teure (Ver-)Kleidung zurückgab und es mit dieser Geste vor aller Augen riskierte, in seinem eigenen Namen zu sprechen. Von dieser rhetorischen Grundsituation aus ist dann alles möglich: jede Geste, jedes Kostüm, jede Maske. Darin besteht das rhetorische Spiel mit der Zuhörerschaft. Weicht die redende Person dieser Würde der Nacktheit aus, wird alles falsch, schale Verführung, Banalität.

HYPOTHESE

dispositio

Stehen. Die Füße leicht auseinander gesetzt. Die Knie nicht durchgedrückt, sondern als Schwunggelenke in sanfte, nach einer Weile stärkere Vibrationen versetzt, bei denen die Füße am Boden verbleiben. Der Oberkörper, aufrecht, vibriert mit. Auch der Kopf. Das Kinn, leicht zur Brust gezogen, gibt locker den Schwingungen nach. Hüpfen auf der Stelle, bloß ohne tatsächliches Hüpfen. Die Mischung aus Konzentration und Lockerheit dieser Bewegung am Ort lassen sich gut kontrollieren durch einen unambitionierten Ton in der zufälligen Tonhöhe, die die Stimme unkontrolliert von sich gibt. Leise, mit stärkerer Bewegung auch lauter. Crescendo. Decrescendo. Nach einer Weile hat sich der Körper auf allem Anschein nach unintelligente Weise intelligent in seinen natürlichen Standpunkt hineingeschlottert. Man spürt es deutlich, wenn man nach dieser Übung einfach steht. (Felix Ritter)

* * *

Der Österreichische Bildhauer Karl Prantl hat in Sargenzell ein Lese- bzw. Rednerpult als einfache, in den Boden eingelassene, nur leicht erhöhte Steinplatte gestaltet. Der Standpunkt der redenden Person ist ihr eigentliches Pult. Das äußere Rednerpult ist nur eine Prothese. Das gilt auch beim Lesen.

* * *

Ausatmen. Bis hinunter zu den Knien tief ausatmen; wenn man allein ist, ruhig mit dem Geräusch des Auspustens. Woran man selten denkt, ist die Tatsache, dass der Körper von selbst einatmet. Er holt sich die Luft. Tief ausatmen: der Beginn vor dem Beginn.

* * *

Die Stimme wecken. Ein leises Glissando von ›so hoch es geht‹ bis ›so tief man kommt‹, ohne Anstrengung. Mehrmals. Zwischendurch ruhig Gähnen. Sich nach vorn beugen, so tief es geht. Sich langsam wieder aufrichten, als ob man an den Wirbeln hochgezogen würde, Wirbel für Wirbel, bis hoch zum Hals, der Kopf oben dran, leicht und geführt wie eine Marionette. Gähnen, dabei die Hände vors Gesicht halten. Dann das Gesicht leicht massierend streicheln, Stirn, Augenbrauen, vorsichtig die Augenhöhlen, die Nase, die Wangen, die Ohren, bis hinunter zu Kinn und Hals. Ein weiteres Glissando.

* * *

Es gibt viele Übungen, Schulen von Übungen. Sich keiner Schule anschließen: Frei bleiben. Ausprobieren und Erfahrungen machen.

* * *

Hören, wie die Stimme im Raum klingt. Leise summen, eine kleine Melodie, ein Ritornell.

* * *

Ein Ritornell ist eine kleine Melodie: tralala, lala lala, tralala. Wann sage ich Tralala? Wann singe ich vor mich hin? Ich singe zu drei Anlässen vor mich hin.

Ich singe vor mich hin, wenn ich mein Territorium umrunde und meine Möbel poliere, im Hintergrund läuft das Radio, gut; das heißt, wenn ich bei mir zu Hause bin.

Ich singe vor mich hin, wenn ich nicht bei mir zu Hause bin und wenn ich versuche, nach Hause zu kommen, wenn es Nacht wird. In der Stunde der Angst suche ich meinen Weg und mache mir Mut, indem ich singe und nach Hause gehe.

Und dann sing ich vor mich hin, wenn ich sage: Adieu, ich gehe fort und behalte in meinem Herzen. – Das ist übrigens ein Chanson: »Adieu, je pars, dans mon cœur j'emporterais ...« – Wenn ich also von meinem Zuhause fortgehe, um anderswo hinzugehen, dann wohin?

Mit anderen Worten: Das Ritornell ist für mich absolut verbunden mit dem Problem des Territoriums, des Fortgehens von und des Eintretens in ein Territorium. Es ist das Problem der Deterritorialisation. Ich gehe in mein Territorium. Oder ich deterritorialisiere mich, ich gehe fort, verlasse mein Territorium. (Gilles Deleuze, Abécédaire)

* * *

Ein wenig im Raum herumgehen. Erkundungen machen. Summen. Seinen eigenen Ton finden. Warum nicht auch mit geschlossenen Augen? Vorsichtig. Gelegentlich ein Stückchen rückwärts. Sich klingend orientieren. Tönen, Hören. Was kommt, ist schon da. Es hat schon begonnen. Von verschiedenen Punkten aus laut in den Raum rufen. Auch mal schreien, laut schreien. Weitergehen. Summen. Ich bin mein Ton. Im Raum umher gehen. Hören. Mich hören, im Raum. Spazierengehen. (Jens Thomas)

* * *

Der Aufstand beginnt als Spaziergang. (Heiner Müller, Hamlet-maschine)

* * *

Stille. Stille sein. In die Stille hören. Die Stille hören. In der Stille hören. Stille. Sein.

* * *

Für mich ist Stille im Wesentlichen das Aufgeben jeglicher Absicht. (John Cage)

* * *

Stille. Schweigen.

* * *

Während ich ein Nickerchen mache, dresche ich Reis.

* * *

Verschwiegenheiten.
Reziprozitäten.
Hoc est enim corpus meum.
Verschwiegenheiten aller Art.

* * *

Einmal, vor sehr langer Zeit, verstehst du, da lebte ein alter Mönch in einem orthodoxen Kloster, Pamwe hieß er, der pflanzte auf einem Berg einen trockenen Baum. Und zu seinem Schüler, das war ein Mönch, der hieß Joann Kolow, sagte Pamwe, er solle diesen Baum täglich wässern, bis er zum Leben erwachen würde. Und so füllte Joann jeden Morgen in aller Frühe einen Eimer mit Wasser und machte sich auf den Weg. Er stieg auf den Berg und wässerte den trockenen Baumstamm, und am Abend, wenn es schon dunkel war, da kehrte er ins Kloster zurück. Und so ging das ganze drei Jahre lang. Aber dann, eines schönen Tages, kam er auf den Berg und sah, dass sein ganzer Baum übersät war mit Blüten!

Und man kann sagen, was man will, diese Methode, dieses System hat etwas Großartiges. Manchmal, da sage ich mir, wenn man jeden Tag zu genau der gleichen Zeit ein und dieselbe Sache tun würde, wie ein Ritual, unerschütterlich, systematisch, jeden Tag, ständig zu genau der gleichen Zeit, dann würde sich die Welt verändern. Etwas würde sich in ihr verändern, es könnte gar nicht anders sein.

Man, äh, müsste, sagen wir mal, am Morgen aufwachen und Punkt sieben Uhr aufstehen, ins Badezimmer gehen, ein Glas nehmen, es mit Wasser füllen und dann in die Toilette schütten. Weiter nichts. (Andrej Tarkowskij, Opfer)

* * *

Gruß an die Sonne
Liegestütze
Sit-Ups
Seine Stimme wecken
Seine/n Liebste/n küssen
Einen Vers Griechisch oder Hebräisch übersetzen
Stundengebet

Laufen
Schwimmen
Rad fahren
Duschen
Sich hübsch machen, sich schmücken
Die Blumen gießen, mit den Pflanzen sprechen
Klavier spielen
Lesen
...

* * *

Seit die Wenigen explizit üben, wird evident, dass implizit alle üben, ja mehr noch, dass der Mensch ein Lebewesen ist, das nicht nicht üben kann – wenn üben heißt: ein Aktionsmuster so wiederholen, dass infolge seiner Ausführung die Disposition zur nächsten Wiederholung verbessert wird. (Peter Sloterdijk, Du muss dein Leben ändern)

* * *

Etwas ausprobieren, experimentieren, Erfahrungen machen.
    Verwerfen, später wieder darauf zurückkommen.
    Nicht immer geht alles zu einer Gelegenheit. Andere werden sich finden.
    Auch an dem Arbeiten, was einem nicht liegt.
    Einmal etwas probieren und entwickeln, was (noch) nicht verwendbar ist.
    Abwarten, aber neugierig bleiben.
    Beobachten.

actio

Atmen Sie doch einfach einmal tief aus, bevor Sie beginnen und pusten Sie auf diese Weise all Ihren Stress und Ihre Angst weg. Ich freue mich darauf, Ihnen zuzuhören.

* * *

Warum sehen Sie mich nie an? Sie blicken immer zu rauf und runter. Sagen Sie doch Ihren wichtigsten Satz zu mir. Senden Sie ihn mir zu und sehen mich dabei von Anfang bis Ende des Satzes an. Vorher sehen Sie auf Ihr Manuskript, vergewissern sich dieses Satzes, sehen mir in die Augen (21, 22) und sagen diesen Satz. Dann warten Sie noch einen Moment ab (23, 24) und sehen für die Fortsetzung in Ihr Manuskript. Ich höre Ihnen gerne weiter zu, folge Ihren Gedanken und freue mich auf den nächsten wichtigsten Satz. Sie haben wundervolle Gedanken mitzuteilen. Ich bin gespannt.

* * *

Das Göttliche ist das, was sich gibt, was sich in Stimmen und hermeneiai *teilt. Das Göttliche wird wesentlich mit-geteilt, gegeben, mitgeteilt und geteilt: Es ist das, was auf den ›Enthusiasmus‹ hinweist. In diesem Sinne: Das Göttliche oder der Gott selbst, das ist der Enthusiamus, und vielleicht muss man so weit gehen zu sagen: Das Göttliche, das meint auf diese Weise, dass es eine Gabe und eine Mit-Teilung der Stimmen gibt. Die* hermeneia *ist die Artikulation und die Kundgabe dieser Mit-Teilung. (Jean-Luc Nancy, Die Mit-Teilung der Stimmen)*

* * *

Sagen Sie, was machen eigentlich Ihre Hände die ganze Zeit? Wollen Sie mit ihnen gestikulieren?

Wenn Sie denken, dass Ihnen das eher nicht liegt, lassen Sie einfach einmal die Hände rechts und links von ihrem Körper herunter baumeln, und sprechen. Bewegen Sie die Hände jetzt nicht!

Ist das für Sie anstrengend und erscheint Ihnen das künstlich? Dann sprechen Sie weiter und lassen Ihre Hände ungehindert mitreden, machen Sie möglichst große Bewegungen, immer mit beiden Händen, und nicht aufhören. Das mag Ihnen jetzt übertrieben vorkommen. Aber fragen Sie sich, ob Sie im normalen Gespräch mit Ihren Freunden oder Freundinnen mit Ihren Händen gestikulieren. Dann tun Sie es auch als Redner. Die Bewegungen müssen ja nicht so groß sein wie im Privaten, aber lassen Sie Ihre Hände mitreden. Mit ein wenig Aufmerksamkeit finden Sie das für Sie rechte Maß.

Ist es Ihnen leicht gefallen, Ihre Hände nicht zu bewegen, dann müssen Sie sie nicht mitreden lassen. Aber finden Sie die richtige Position für sie, locker aufgestützt am Pult, vielleicht. Im Zweifel beschäftigen Sie Ihre Hände. Lassen Sie sie ein Buch halten, Ihr Manuskript, oder lassen Sie sie mitarbeiten beim Umblättern oder beim Verfolgen des Textes mit den Fingern, damit Sie Ihre wichtigen Sätze den Menschen zusenden können und dann die Zeile schnell wiederfinden.

* * *

Fragt ein Mann in Berlin einen Taxifahrer: Sagen Sie, wie komme ich zur Philharmonie? Der Taxifahrer antwortet: üben, üben, üben.

* * *

Sie stehen so merkwürdig und Ihr linker Fuß tänzelt immer wieder, so als ob er gern etwas anderes machen würde, als hinter dem Rednerpult zu stehen. Wohin wollen Sie?

Gehen Sie doch einfach zuerst einmal hin und her und sprechen dabei. Wenn Ihnen das entspricht und nicht künstlich vorkommt, dann können Sie überlegen, ob Sie Ihre Redesituationen ohne Pult gestalten. Dazu sollten Sie bedenken, wie Sie mit Ihrem Manuskript umgehen. Sollte dies in einer Art Ringbuch sein, das Sie mit beiden Händen halten? Oder sollten Sie Karteikarten vorbereiten, die Sie in einer Hand halten? Wie sollten die aussehen? Oder wollen und können Sie frei sprechen, und was bedeutet das für Ihre Vorbereitung? Nur wenige freie Redner verfallen nicht nach einiger Zeit in ihre immer gleichen Floskeln und Gesten.

Vielleicht beginnen Sie am Rednerpult und verlassen es für einen erzählerischen Teil Ihrer Rede, den Sie dann wirklich erzählen? Dann sollten Sie genau überlegen, wann Sie das Pult verlassen, wohin Sie gehen, wann Sie wo stehen bleiben und wann Sie wieder am Pult zurück sein wollen, um Ihre Rede zu beschließen oder einen weniger erzählerischen Teil anzuschließen. Derartige Abläufe sollten nicht nur vorher überlegt, sondern auch probiert worden sein. Unversehens gehen Sie das Risiko ein, dass Sie neben den Worten, also körperlich, erzählen, dass Sie nicht genau wissen wohin etc. Als Grundsatz kann die Empfehlung gelten, sich Gänge vorher zu überlegen und auch vorher auszuprobieren, das gilt auch für verschiedene Redestandorte (wie komme ich wohin und was sage ich wo?). Sie sollten die unterschiedlichen Haltungen nicht vermischen, sondern die einzelnen Dinge voneinander trennen (gehen-reden, stehen-reden, gehen-nicht reden) und somit einen Teil abschließen, bevor Sie einen neuen beginnen. Wenn Sie sich dagegen entscheiden, sollten Sie das bewusst tun. Nur wenige können das aus dem Stehgreif.

* * *

Die heiligen Frauen kommen am Grab an, sehen aber nichts, es ist leer; ein Engel sitzt da, weist mit einer Hand in das leere Grab und mit einem Finger der anderen auf die Erscheinung des auferstandenen Christus, [...] aber diese Erscheinung können die Frauen nicht sehen, weil sie ihr den Rücken kehren. (Bruno Latour, Jubilieren)

* * *

Wenn Sie z.B. auf ein Bild zeigen und dabei sprechen, ist oft weder Zeit zum Zuhören, noch zum Hinsehen. Ein Trennen von Sprechen und Zeigen (Geste) ermöglicht es dem Zuhörer, das entsprechende Bild in Ruhe anzusehen. Die Einfachheit in der Ausführung einer Geste garantiert deren Wirksamkeit, ohne ein ungewolltes, schnell peinlich wirkendes Pathos der Geste hinzuzufügen.

Sollten Sie eine Gegenstand, eine Puppe, ein Erinnerungsstück, Modell oder Symbol an einer Stelle Ihrer Rede zeigen wollen, sollten Sie dies ebenfalls genau überlegen und vorher ausprobieren. Dabei gilt es darauf zu achten, woher der entsprechende Gegenstand kommt, was mit ihm während der Rede geschieht und wohin er verschwindet. Sonst erzählt auch ein Gegenstand seine eigene Geschichte, bzw.

die Redenden erzählen fortwährend nebenher, dass sie nicht wissen, wohin mit dem Gegenstand. Das kann sehr komisch sein, aber eher unfreiwillig.

In manchen Redesituationen ist es von Vorteil, eine andere Person zu beteiligen, etwa um längere Buchzitate vorzutragen. Auch der Einsatz von Maschinen wie Projektoren für Ton-, Musik- oder Filmeinspielungen muss vorbereitet werden. Es empfiehlt sich immer, zu verwendende Technik vorher in Ruhe auszuprobieren. Hierzu zählen auch Mikrofone, Fernbedienungen, Saalbeleuchtungen und ähnliches. Im Allgemeinen zahlen sich derartige Vorbereitungen auch in menschlicher Hinsicht aus. Man ist schon im Gespräch. Das fällt positiv auf den Redner zurück.

* * *

Alles in schlichter Einfachheit. Gehen ist gehen. Ein Buch nehmen ist einfach ein Buch nehmen. Etwas zeigen ist etwas zeigen. Nichts vorführen, nichts besonders langsam. In jeder Geste und Bewegung ihre einfache alltägliche Entsprechung finden. Alles in der schlichten Einfachheit der Schöpfung.

* * *

Schöpfung (création) geschieht in den Flaschenhälsen des Erstickens. Selbst in einer gegebenen Sprache, selbst im Französischen, zum Beispiel, ist eine neue Syntax eine fremde Sprache in der Sprache. Wenn ein schöpferischer Mensch (créateur) nicht von einem Ensemble von Unmöglichkeiten am Hals gepackt ist, ist er kein schöpferischer Mensch. Ein schöpferischer Mensch ist jemand, der seine eigenen Unmöglichkeiten und das Mögliche im selben Moment erschafft (crée). (Gilles Deleuze, Unterhandlungen)

41

* * *

Ohne Werk. Werklos.
Werklose Tätigkeiten.
gratuité. Ein Geschenk. Ein Vergnügen.
sola gratia.

VARIATIONEN

Ein Tanz der Worte

Die Vögel hingegen, die meisten, nützen ihr Vermögen,
Töne von sich zu geben, nüchtern und maßvoll, zu knappem Ruf
oder kurzer innerer Befreiung, bei der Flucht, für die sie sich immer
bereithalten. Geben, ob in Savanne oder Lichtung, Zeichen von sich,
um auf ihnen zu beharren. Zeichen um einen kleinen Platz im Himmel.
Die Raubvögel halten sich im Allgemeinen nicht mit Musik auf.
Henri Michaux

Schenken wir der malerischen Kenntnis eines Albrecht Dürer Glauben, so ist Rhetorik eine bezaubernde junge Frau in der aufrechten Haltung mindestens einer Prinzessin. Auf ihre Herkunft weist auch eine grazile Krone auf ihrem Haupt. Ihr Haar fällt die Schultern herab. Über einem gegürteten Kleid trägt sie einen Umhang. Sie schaut mit beiläufiger Aufmerksamkeit vor sich auf den Boden und schürzt Kleid und Umhang mit der Linken, gerade so, als ob sie einen Weg vor sich hätte und im Begriff wäre, den nächsten Schritt zu tun. Von ihrem Blick her zu urteilen ist dieser Schritt doch keiner in unwegsames Gelände, sondern eher einer, den sie mit schwebender Sicherheit setzt, Teil einer Folge von weiteren Schritten, von Tanzschritten: *inventio, dispositio, elocutio* in rhythmischem Maß und Schwung; dann ein leichtes Innehalten: *memoria*; Luft holen und: *actio*, der letzte Schritt der Suite, bevor sie nach einem galanten Wechsel des Partners von Neuem beginnt und der gerade noch jetzige Tänzer warten muss, bis er wieder an der Reihe ist.

Albrecht Dürers Federzeichnung von 1495/96 hält gerade den Moment eines solchen Wechsels fest. Der Blick unserer Prinzessin gilt nicht nur den Schritten, sondern fällt auch mit etwas Scheu und Schüchternheit zu Boden. Die Zeichnung ist nur ein Ausschnitt dieses Tanzes. Der Partner ist zweifellos der Betrachter. Von dem allerdings ist nichts zu sehen. Dennoch sucht er den Kontakt. Aber: Die gekrönte junge Dame hält in ihrer Rechten in souveräner Geste aufrecht ein Schwert. Diese Haltung ist eindeutig: *noli me tangere*: »Berühre mich nicht, halte mich nicht fest, versuche weder zu halten noch zurückzuhalten, sage jeder Anhängerschaft ab, denke an keine Vertrautheit, an keine Sicherheit.«[1]

Rhetorik ist immer auch ein Flirt und hat auf diese riskante Weise doch etwas mit dem Glauben zu tun, den ein Zuhörer den gesprochenen Worten schenkt. Dürers Zeitgenosse Martin Luther hat dies gewusst, er hat diesen Glauben in das Zentrum der Reformation gestellt und der Rede als Predigt eine immense Kraft zugetraut. Der wohl berühmteste unter den Studenten im lutherischen Wittenberg, Hamlet, erkannte allerdings die Grenzen dieses Glaubens an die Rede deutlich und beschrieb sie lakonisch: »Worte, Worte, Worte«[2], nur um kurze Zeit später provokant hinzuzufügen: »Der Rest ist Schweigen«[3].

Wenn der Rest Schweigen ist, was bleibt dann für die Rhetorik? Sie ist dann der Rest des Restes, als schöpferische Möglichkeit. Und es stellt sich die Frage: Wie kann Rede zum subtilen Spiel der Grenze werden zwischen dem Sagbaren und dem Unsagbaren, zwischen mir und dem Anderen? Wie kann Rede zum Flirt im Antlitz des Anderen werden?

In jedem Fall bedeutet es, Rhetorik nicht mit steriler Eloquenz zu verwechseln; Sprache und Worte nicht als Vehikel von vorgetäuschtem Sinn zu gebrauchen; Rede nicht als Deklamation von besessener und besitzender Wahrheit zu

---

1   Jean-Luc Nancy, Noli me tangere, Zürich/Berlin 2008, 61 f.

2   William Shakespeare, Hamlet, II, 2.

3   A. a. O. V. 2.

präsentieren; Redekunst nicht als raffinierte Verbindung von Worthülsen zu inszenieren. Es gilt, Differenz, vielfältigen Sinn und Abstand zu erzeugen, Rede und Sprache von ihren Grenzen her zu denken und zu sprechen, damit etwas Anderes, Schöpferisches darin ankommen kann. »*Wenn die Sprache so gespannt ist,* dass sie zu stottern, murmeln, stammeln [...] beginnt, *rührt das Sprachliche insgesamt an eine Grenze,* die dessen Außen hervortreten lässt und sich dem Schweigen aussetzt.«[4]

So hält die Prinzessin mit ihrem Abstand gebietenden Schwert nicht nur ihren jeweiligen Partner unmissverständlich auf Distanz. Sie drückt schweigend, also von der Grenze der Sprache her, noch etwas Anderes, Wichtigeres aus: Entscheide Dich, wenn Du sprichst! Willst Du so sprechen wie alle und nur erkennen, was Du schon kennst? Oder bist Du bereit, etwas zu riskieren? Selbst fremd zu sein in der eigenen Sprache, damit diese schöpferisch wird? Dann nimmt unsere junge Dame ihren Tanz wieder auf mit immer neuen Partnern, den Blick scheu abgewandt dem Schritt folgend, das feine Schwert aufrecht in der Hand. Bei genauerem Hinsehen, mit ebenfalls niedergeschlagenen Lidern, wechseln nicht nur rhythmisch galant ihre Partner, auch sie selbst verwandelt sich unmerklich; erscheint tanzend vor den Mächtigen dieser Welt, die als geputzte Tänzer auf dem Parkett Schlange stehen. Doch während diese alle in gespreizter Gier ihr Schwert der Entscheidung für sublimen Modeschmuck halten, redet sie mit den Vögeln: *noli me tangere*: lass mich fliegen.

---

4 GILLES DELEUZE, Kritik und Klinik, Frankfurt a. M. 2000, 152.

Zentrifugal kreisen die Worte, erheben die Schwingen auf der Spur des Gedankens, der flieht und doch ankommt, sich nähert, klärt und wieder verschwimmt; von Neuem Flügel schlagend, atmend den Hauch einer Stimme erhebt, an Klang zunimmt, sich formt, artikuliert Raum greift, die Zeit anhält – einen Moment nur –, sich hören lässt, ins Ohr dringt, im Körper erzittert und widerhallt im Gedärm; dennoch wieder verstummt, Platz lässt für anderen Ton, Sitz von Stimme, zärtliche Geste, heiteren Blick; Distanz wahrend, Nähe erflehend. Lippen formen sich sachte ein Wort wie zum Kuss. Der darf nicht sein und ist dennoch da als Spiel an der Grenze zur Lust des Denkens. Lächeln, atmen: Die Rede beginnt.

Skulpturen aus Luft

Hamm: Was geschieht?
Clov: Irgendetwas geht seinen Gang.
Samuel Beckett

Rhetorik ist das, was während einer Rede zwischen den Gedanken des Sprechenden und denen des Zuhörenden geschieht, sich hin und her bewegt. Rhetorik ist eine Art virtuelle Plattform oder Drehscheibe, ähnlich einer Rotunde: Eine mit Schienen versehene, drehbare, runde Fläche, die dazu benutzt wird, Züge zusammen zu setzen bzw. auseinander zu nehmen. Doch bei der Rhetorik werden nicht nur die einzelnen Bestandteile der Rede wie Eisenbahnwagons oder Lokomotiven aneinander gesetzt oder in ihrer Reihenfolge verändert. Gedanken, Worte, Stimmungen werden nicht nur auseinander genommen und wieder zusammen gesetzt. Es bleiben Dinge offen, Enden, die ins Leer laufen. Es werden Öffnungen geschaffen, die wieder geschlossen werden. Es werden Aus- und Eingänge angelegt, ebenso wie Zu- und Abgänge. Und die getrennten oder verbundenen Dinge beeinflussen und verändern sich wechselseitig. Was geschieht?

Hier, und zwar bei diesem Satz, der ihm vielleicht auch noch bestimmt war, sah er sich genötigt, innezuhalten.
Er hatte sie beinahe sprechen hören, als er die Aufzeichnungen begann.
Beim Schreiben noch hörte er ihre Stimme.
Er zeigte ihr das Geschriebene.
Sie wollte nicht lesen.
Sie las nur ein paar Stellen, und auch nur, weil er sie sanft darum bat.
»Wer spricht?« sagte sie.

»Wer spricht denn hier?«
Sie meinte, es liege ein Irrtum vor, den sie nur nicht näher bestimmen
konnte ...

Maurice Blanchot

Schon kurz bevor eine Rede beginnt, geschieht etwas, dessen man sich nicht sicher sein kann; etwas, das man auch
für einen nicht näher bestimmbaren Irrtum halten kann.
Eine Bewegung der Luft, ein Luftzug von irgendwoher: »Wer
spricht«?

»Die Luft ist das Vehikel, mehr noch, das Tragende des
Wortes. Sie ist das physische Milieu dank dessen – und über
das – das Wort zu uns kommt. Aber die Luft ist schon im
Mund und in den Lungen des Sprechers, die quasi organi-
sche Materie, durch die das Phrasierte unseres Wortes, unseres Gedankens sich artikuliert, sich akzentuiert, sich atmet
und sich moduliert«[5].

So ist Rhetorik eine Sache der Luft, ist Luftigkeit: eine
Skulptur aus Luft. Aber spricht die Luft? Nein, sie muss erst
zu Atem werden. Sie muss Nase, Mund und Lunge des Sprechenden passieren. Die Luft muss sich umformen lassen, der
Sprechende muss sich ihr ausliefern, sie einlassen mit dem
Risiko der tödlichen Vergiftung und sie wieder loslassen, frei
geben auf ein Anderes hin.

»Kein Wort ohne Atem, das ist sicher. Der Atem ist weniger
das Aussetzen oder Fehlen des Wortes, sondern seine Bedingung selbst. Wir vergessen diese Bedingung des *Sagens*
jedes Mal, wenn unsere Aufmerksamkeit sich einseitig auf
das *Gesagte* richtet«. Wer spricht also?

»Das *Gesagte* ist gehalten von den Korrelationen des
Subjekt-Objekt, des Bezeichnet-Bezeichnend; das *Sagen*

---

5 GEORGES DIDI-HUBERMAN, Gestes d'Air et de Pierre, Paris 2005, 14.

aber suggeriert eine ›Atmung, die sich auf den Anderen hin öffnet und zugleich das Andere seiner Bezeichnung selbst bezeichnet‹«[6]. Wer spricht denn hier nun?

Sprechen etwa schon immer mehrere? Ist Rhetorik immer schon polyphon, mehrstimmig? Der Skulpteur der Luft als Atmung ist die Stimme – *vox*. Sie ist die *actio* der Rede im Zusammenspiel mit dem *gestus*. Das Besondere der *vox* ist ihr mimetisches Verhältnis zum Gemeinten. Das Gemeinte ist nun genau das, was im Sagen über das Gesagte hinausgeht; das, was auf den Anderen hin öffnet und zugleich auf das Andere seiner Bezeichnung selbst hinweist.

Die Stimme ist nun aber nicht nur *actio*. Sie ist darüber hinaus, indem sie sich gibt, auch *figura* der Rede. Als solche ist sie *Prosopopoiia*, also diejenige, die die Personen der Rede erfindet (*fictio personae*). Indem sie Personen erfindet, leiht sie deren Gedanken ihre Stimme und öffnet ihnen die Szene der Rede. Ja, sie ruft sie geradezu herbei: die juristischen Gegner, die Götter der Himmels und der Unterwelt, Lebende und Tote, Anwesende und Abwesende, und gibt ihnen ein Gesicht (*prosopon*). Das Herbeirufen (*excitare*) führt nun direkt zur Praxis des Zitates in der Rede. Und diese Praxis ist produktiv zu verstehen. In dem Sinne, dass die Rede sich nicht in bloßer Selbstpräsenz erschöpft, sondern ex-zitierend, also in Differenz zum sprechenden Selbst, schon immer vielstimmig ist. »Wer spricht also, wenn die Stimme zitiert, wenn die Stimme verliehen wird? Dies ist keine andere Frage als die: Wer spricht, wenn ›ich‹ spreche? Die Doppelung in sich selbst, die Differenz der Stimme zu sich selbst, eröffnet in der Stimme die Szene einer Multivocität, der Vielstimmigkeit der Zitationen und Wiederholungen«[7].

---

6 A. a. O. 16, Emmanuel Levinas zitierend.

7 BETTINE MENKE, Die Stimme der Rhetorik – die Rhetorik der Stimme, in:

Es ist die Vielstimmigkeit, die der Rede Rhythmus und Bewegung verleiht. Doch wer soll sie verstehen? Wo geht sie hin, wenn sie – die Skulptur aus vielgestimmter Luft – an ein Irgendwo sich richtet, in ein Anderswo reicht, bevor sie verklingt? »... noch hörte er ihre Stimme«.

Zur ersten Frage: »Wer spricht« gehört eine zweite: »Wer hört«? Die eine kann ohne die andere nicht sein und schon drängt sich eine Antwort auf: Ein offenes Ohr. Offenes Ohr meint nicht nur das offene Ohr im Gegensatz zum geschlossenen. Das wäre zu einfach. Der Vielstimmigkeit des Sprechens korrespondiert eine »Vielstimmigkeit« des Hörens, denn Hören ist zumindest immer zweierlei: Horchen und Vernehmen (gehorchen). Hören hat zumindest eine doppelte und zugleich wechselseitige Beziehung zu dem, was man Sinn nennt: »in der intellektuellen oder intelligiblen Bedeutung des Wortes (zum ›sinnhaften Sinn‹, wenn man so will, unterschieden vom ›sinnlichen Sinn‹). ›Vernehmen‹ bedeutet auch ›verstehen‹, so als wäre ›vernehmen‹ vor allem ›sagen hören‹ (eher als ›rauschen hören‹), oder besser, als müsse es in jedem ›Vernehmen‹ ein ›Sagenhören‹ geben, mag der wahrgenommene Laut nun Sprache sein oder nicht. Dies ist vielleicht umkehrbar: In jedem Sagen (und ich will damit sagen: in jeder Rede, in jeder Sinnkette) gibt es Vernehmen, und im Vernehmen selbst, an seinem Grunde, ein Horchen. Das würde besagen: Vielleicht muss der Sinn nicht bloß Sinn machen, sondern auch klingen«[8].

Als diese Vielstimmigkeit, gespannt zwischen Sprechen und Hören, die Rhetorik immer schon ist, ist sie eine Diszi-

---

FRIEDRICH KITTLER/THOMAS MACHO/SIGRID WEIGEL (Hg.), Zwischen Rauschen und Offenbarung, Berlin 2008, 131.

8 JEAN-LUC NANCY, Zum Gehör, Berlin 2010, 13.

plin der Luftigkeit. Wenn sie glückt, ist sie ein Aufbruch ins Ungeahnte des Sinns.

> Eingestrichenes D, Viertel; vierter Finger. Langsam hebt sich die rechte Hand,
> verharrt in einem Augenblick höchster Spannung in der Luft,
> scheint die Linke dirigieren zu wollen.
>
> *Glenn Gould*

Eine anders geartete Disziplin der Luftigkeit: Weitere Bewegungen mischen sich unter die erste, begleiten sie, brechen aus ihr hervor. Flüchtiges Wehen von Haar, im Nu vergangene Faltenwürfe von Gewandung, eine Hand »verharrt in einem Augenblick höchster Spannung in der Luft«. Bewegtes Beiwerk als »Zwischenformen zwischen dem wirklichen Leben und dramatischer Kunst«: *Ekphrasis* (Beschreibung) »im Modus des Vor-Augen-Führens als Bewegung«[9].

Die Skulptur aus Luft, von der Stimme phrasiert, tritt in Aktion im Zusammenspiel mit dem *gestus*. Die verwandelte Luft, der Atem, veräußert sich, wird Körper, Geste. Als *actio* der Rede ist sie die Verkörperung des Ausatmens und als solches eine »Ausdehnung« der Rede. Eine Geste verlässt ihre Form, um eine neue einzugehen. In der Bewegung gibt der Körper einen Ort auf, um einen anderen einzunehmen. »Unmerklich geschieht diesem Körper das: er ist nicht länger *ein* Körper in sich. Er nimmt Spielraum ein. Er nimmt Abstand. Er beginnt sich zu denken. Er tanzt sich, er wird von einem anderen getanzt«[10].

Doch in der Äußerung löst die Geste sich ab. In der Trennung von sich selbst wird sie wahrnehmbar, gewinnt Kontur,

---

9 ABY WARBURG, Werke in einem Band, Frankfurt a. M. 2010, 36 f.

10 JEAN-LUC NANCY, Ausdehnung der Seele, Zürich/Berlin 2010, 33.

Plastizität, Deutlichkeit. Ein kurzer Moment, die eigene Bewegung unterbrechend, lässt die Geste im Konzert der Vielstimmigkeit erscheinen. Ein auf die Szene der Rede herausgerufener (*ex-citare*) Körper, flüchtig, ein Zitat von anderer Art. In der Bewegung (*motio*) herausgerufen ist zugleich aus der Bewegung heraus (*e-motio*). Emotion ist aus auf Entäußerung, Berührung. Berührung stiftet Kontakt. Es lässt sich nicht genau sagen, woher der Kontakt stammt, doch er beeindruckt. Oder besser, sie beeindruckt: die Berührung. Erkennbar wird sie erst als Eindruck durch eine weitere Trennung. Erst dann hinterlässt sie einen Abdruck, eine Spur ihrer Anwesenheit. Sie hat sich dann schon wieder entfernt. Was bleibt, ist ein Abdruck und: Abwesenheit.

»Der Abdruck berührt uns und entzieht sich uns auch, insofern er ein Unbehagen in der Geschichte bildet: ein ›Symptom der Zeit‹. Denn in jedem einzelnen Abdruck verändert das Wechselspiel von Berührung und Entfernung unsere Beziehung zum Werdenden und zur Erinnerung, so dass der Akt und die Verzögerung, das Gegenwärtige und das Gewesene sich zu einer neuartigen und für das Denken verwirrenden Formation verbinden«[11].

»Sie meinte, es liege ein Irrtum vor, den sie nur nicht näher bestimmen konnte...« Woher kommt dieser Eindruck? Aus der Bewegung. Dies umso mehr, wenn die Bewegung nicht nur eine mechanische ist, sondern eine Bewegung der Zeit; also eine Bewegung in dem kurzen, flüchtigen Moment ihres Erscheinens. Und als solche eine Bewegung der Zeit selbst, insofern momenthafte Gegenwart nur als Bewegung der Zeit existiert: zwischen der vergehend vergangenen und der vergehend entstehenden Zeit. In diesem Moment öffnet sich das Denken: »einerseits die Präsenz eines Undenkbaren im

---

11 GEORGES DIDI-HUBERMAN, Ähnlichkeit und Berührung, Köln 1999, 190 f.

Denken – eines Undenkbaren, das in einem sein Ursprung und seine Begrenzung ist; andererseits die bis ins Unendliche reichende Präsenz eines anderen Denkers im Denker, der den Monolog eines denkenden Ich zerbricht«[12].

In dieser Bewegung wird Rhetorik zu einer Rotunde des Denkens. Und irgendetwas geht seinen Gang in einem Augenblick höchster Spannung in der Luft: jemand spricht.

---

12 GILLES DELEUZE, Das Zeit-Bild, Frankfurt a. M. 1991, 219.

Sold out

Rigorose Fragmente und souveräne Spuren.
Georges Didi-Huberman

Erkundigt man sich im weltweiten Netz unter den einschlägigen Stichworten, erhält man neben historischen Informationen vor allem Angebote zu rhetorischen Schulungen.
Diese machen rasch deutlich, dass es sich im landläufigen
Verständnis von Rhetorik vor allem um Verkaufsrhetorik
handelt. In der rhetorischen Wildbahn trifft man sie im Auto-
haus oder Shopping Center. Auch in politischen Zusammenhängen ist es allem Anschein nach wichtiger zu wissen, wie
man den Leuten diesen oder jenen Sachverhalt »verkauft«,
als dass sachgemäß über den Stand der Dinge informiert
wird. In kirchlichen Kreisen besitzt die Verkaufsrede überraschenden Appeal.

Die Entkoppelung von Geld und realem Wert – eine der
radikalsten Veränderungen unserer Zeit – machte aus
Tausch und Handel von realen Waren zunehmend einen
Austausch von Vertrauen, Versprechen oder Zukunft, also
von imaginären Werten. Damit rücken Verkaufsrhetorik und
derivate Herrschaftsrhetoriken in mimikrihafte Nähe ausgerechnet zu den Redeformen, denen es ursächlich um den
Austausch von Vertrauen, Versprechen oder Zukunft geht.
Verkaufsrhetorik okkupiert Worte, Sprach- und Redefelder,
um gezielt und skrupellos Kredit bei deren Glaubwürdigkeit
zu nehmen.

Diese in der Werbebranche weit verbreitete Praxis auf
die leichte Schulter zu nehmen hieße, zu übersehen, dass
die Entkoppelung von Geld und realem Wert und deren Fol-

gen im Kreditwesen denselben Unterschied machen wie der zwischen einem Pferd und dem Anspruch auf ein Pferd: Man kann »auf dem Anspruch auf ein Pferd nicht reiten, aber mit dem bloßen Anspruch auf Geld Zahlungen machen«[13].

Mit anderen Worten: »Die repräsentative Kraft der Zeichen [Geldscheine] hat sich verschoben und liegt nun in der Fähigkeit begründet, durch Selbstreferenz Übertragungen zu leisten. Geld ist Kreditgeld und also Versprechen auf Geld, es löst die Symmetrie von Tausch und Gegentausch auf«[14]. Rhetorik handelt hier strategisch mit unhaltbaren Versprechen: »Jemand, der eine Ware nicht hat, sie weder erwartet oder haben will, verkauft diese Ware an jemanden, der diese Ware ebenso wenig erwartet oder haben will und sie auch tatsächlich nicht bekommt«[15].

Dies sollte kritisch stimmen. Zumal Sprachkünstler ihr Unbehagen gegenüber dieser Rhetorik – ja der Sprache selbst – als Maklerin des Geschäfts schon früh zum Ausdruck gebracht haben:

»Man soll nicht zu viele Worte aufkommen lassen. Ein Vers ist die Gelegenheit, allen Schmutz abzutun. Ich wollte die Sprache hier selber fallen lassen. Diese vermaledeite Sprache, an der Schmutz klebt, wie von Maklerhänden, die die Münzen abgegriffen haben. Das Wort will ich haben, wo es aufhört und wo es anfängt. Dada ist das Herz der Worte.«

Dieser Ausschnitt aus dem ersten dadaistischen Manifest, verfasst in Zürich am 14. Juli 1914 von Hugo Ball, findet deutliche Töne für die Verschmutzung von Sprache, abgegriffen wie Münzen von Maklerhänden. Wenn das Herz der Worte

---

13 Joseph Vogl, Das Gespenst des Kapitals, Zürich 2010, 70.

14 A. a. O. 79.

15 A. a. O. 94.

mit Dada bestimmt wird, könnte man dies lediglich für das Programm eines vorsprachlichen »Lalula« (Friedrich Kittler) im Sinne onomapoetischer Experimente halten. Das ist allerdings nur eine Seite der Medaille. Seine direkte Relevanz für das, was Rhetorik jenseits von Verkauf und Herrschaftsdiskurs bedeutet, erhält der Abschnitt aus dem Dada-Manifest, wenn man ihn von zwei Tagebuchnotizen Balls flankiert liest:

»Ob man sich ein Herz auf die Stirn tätowieren sollte? Alle Welt würde dann sehen: das Herz ist ihm zu Kopf gestiegen. Und da es ein tintenblaues Herz, ein sterbeblaues, ein agonisches Herz wäre, könnte man auch sagen: der Tod ist ihm in den Kopf gestiegen. Wir brauchen nur aufzuschreiben, wie tief uns der Schrecken traf«[16]. Nun ließe sich Dada und das Herz der Worte als »martyrologische« Begründung von Sprache[17] und damit auch von Sprach- und Sprechtechnik, von Rhetorik lesen.

Diagnostizierter sprachlicher Inflation entkommt man demnach nur, wenn man von seinem Schrecken – oder dessen Verwandten, dem Glück und der Ekstase – her spricht, wenn man also Worte und Rede wie Zeichen eigener Verwundungen auf der physiognomischen Bühne der eigenen Person, der Stirn, exponiert. Sprache und Rede wären von den biografischen und psychologischen Existentialien nicht zu trennen. Folglich wird Rhetorik also nicht funktional (als Funktion von Herrschaft oder Verkauf), sondern experimental (von der persönlichen Erfahrung des Sprechenden her) bestimmt. Auf diese Weise ist sie offen für die Erfahrungen von Sprachlosigkeit, Experimente am Rande der Spra-

---

16 Hugo Ball, Die Flucht aus der Zeit, Zürich 1992, 291.

17 Vgl. Peter Sloterdijk, Zur Welt kommen – Zur Sprache kommen. Frankfurter Vorlesungen, Frankfurt a. M. 1988, 18–21.

che und für die Risiken moderner Existenz und Weltläufigkeit.

Gegenüber den Rhetoriken des Verkaufs und der Herrschaftsstrategien könnte eine experimental begründete Rhetorik als eine Rhetorik des Zauderns genauer bestimmt werden. Denn das Zaudern unterbricht »Handlungsketten und wirkt als Zäsur, es potentialisiert die Aktion, führt in eine Zone der Unbestimmtheit zwischen Ja und Nein, exponiert eine unauflösbare problematische Struktur und eröffnet eine Zwischen-Zeit, in der sich die Kontingenz des Geschehens artikuliert. Das Zaudern – so könnte man daraus folgern – operiert an den Anschlüssen, an den Fugen, an den Synapsen und Scharnieren, die über die Kohärenz von Weltlagen entscheiden, oder genauer: an denen der Aggregatzustand dieser Welt, ihre Festigkeit und ihre Verlaufsform auf dem Spiel stehen«[18].

Funktions-, Handlungs- und Sinnketten unterbrechende Rede eröffnet Denk-, Erfahrungs- und Sprachräume. In ihnen ist es möglich, manches zugleich zu sein. Die sprechende Person selbst wird mehrstimmig. Sprachavantgardisten versuchten dies in ihren Experimenten auszudrücken: In der zweiten, den Abschnitt aus dem dadaistische Manifest flankierenden, Tagebuchnotiz Hugo Balls stellt sich eine unerwartete Verbindung her. Sie fügt der martyrologischen Begründung von Rhetorik einen weiteren Aspekt hinzu:

»Als mir das Wort ›Dada‹ begegnete, wurde ich zweimal angerufen von Dionysios. D.A.–D.A. (Über diese mystische Geburt schrieb [...] auch ich selbst in früheren Notizen. Damals trieb ich Buchstaben- und Wortalchimie)«[19]. In der Leichtfertigkeit der dadaistischen Geste können unerwarte-

---

18 Joseph Vogl, Über das Zaudern, Berlin 2008, 57.

19 Ball, Flucht (wie Anm. 16), 296.

te Zeugen zum Zuge kommen, nun freilich jenseits von Herr-schaftszusammenhängen. Im Falle Hugo Balls ist mit Diony-sios A. der Areopagite gemeint. Jener Autor, der sich hinter der Maske eines Zeitgenossen des Apostels Paulus versteckt, erhält hier unverhofft einen Auftritt auf der rhetorischen Experimentierbühne. Dieses Verfahren ist in rhetorischen Zusammenhängen von Verkauf und Herrschaft ausgeschlos-sen, denn es entzieht sich der Kalkulation durch das Vergnü-gen einer Überraschung: Man kann nie wissen, wer plötzlich seine Stimme erhebt und was er zu sagen hat.

Wenn eine Rhetorik des Zauderns also eine Bühne schafft für den unerwarteten Auftritt anderer Stimmen, so bildet sie zugleich eine Gasse für den Begriff, der sich selbst der Frage nach seinem Wesen (Was ist ...?) entzieht, der selbst ein Grenzbegriff ist, eine »Gegenständlichkeit ohne Gegen-stand«, die sich der Herrschaft sowohl der Einbildungskraft als auch der Vernunft entzieht: Das Ereignis – »das sind ver-streute Sinnesreize und Daten, das ist eine Mannigfaltigkeit, die sich noch nicht zur Konsistenz von dauerhaften, empi-risch erfahrbaren Objekten angeordnet hat«[20].

Ereignis ist immer Erwartung: der Augenblick des Zau-derns, in dem die vielfältigen Konstellationen verschiedens-ter Elemente, die Wirklichkeit ausmachen, noch möglich sind. Schon im nächsten Augenblick sind sie zu Gunsten der aktuell verwirklichten Konstellation ausgeschlossen.

Das Ereignishafte der Rede – Rhetorik als Ereignis – ent-steht in dem Moment, in dem alles möglich ist, in dem sich das Mögliche und das eine Mögliche, das gleich das Wirk-liche ist, noch nicht unterscheiden. Somit schafft Rhetorik Wirklichkeit, indem sie Wirklichkeit von ihrem Überschuss

---

20 Joseph Vogl, Was ist ein Ereignis? in: Peter Gente/ Peter Weibel (Hg.): De-leuze und die Künste, Frankfurt a.M. 2007, 69.

an Möglichkeiten her zur Sprache bringt. Diese Möglichkeiten führt sie als wirkliche Möglichkeiten auf der Bühne als *experimentum mundi* vor. In diesem Sinne ist »alle Welt Bühne«, und sei es auf der Stirn des Redners, auf der sich ein tintenblaues Herz zeigt.

Erfindung wünsch ich mir

Was tust du den ganzen Tag? Ich erfinde mich.
Paul Valéry in »Max Black« von Heiner Goebbels

Selbst wenn man sich auf das Vokabular der klassischen Rhetorik bezieht, lässt sich die Frage danach, was Rhetorik ist, vielfältig beantworten, je nachdem auf welchen Begriff oder auf welche Technik man den Schwerpunkt legt. Folgt man dem jungen Cicero und dem Titel seiner ersten, noch unvollständigen rhetorischen Schrift etwa aus dem Jahre 80 v. Chr., so lautet das entscheidende Stichwort: *inventio*.

Herkömmlicherweise wird *inventio* mit »Auffinden« übersetzt, das Auffinden des Stoffes der Rede, der Argumente, des Inhaltes der Rede also. Diese Übersetzung hat ihr Recht darin, dass in juristischem oder auch politischem Zusammenhang schon etwas da ist, in dem etwas aufgefunden werden kann: die Rechtscodizes und Gesetze etwa oder die politische Situation, die auch durch Machtverhältnisse codiert ist. In anderen Zusammenhängen ist das Vorgefundene einer Rede ihr Anlass, ein Festakt beispielsweise, oder ein Text, wie in der religiösen Rede der Predigttext.

Bei genauerem Hinsehen beschränkt die Übersetzung »Auffinden« den Sinn von Rhetorik auf ihren repräsentativen Aspekt. Eine Übersetzung von *inventio* mit »Erfinden« setzt andere Aspekte frei. Dies muss nicht unbedingt heißen, dass einer Rede nichts vorgegeben sein kann, also alles frei erfunden (*fiction*) sein muss. Wenn aber etwas vorgegeben ist, bestünde der erste inhaltliche rhetorische Schritt im Decodieren des Vorgegebenen, im Herauslösen aus seinen gesetzlichen, situativen, politischen

63

oder textlichen Codierungen und Herrschaftszusammen-
hängen.

Wird, wie in der religiösen Rede, ein Text als codierter
Ausgangspunkt einer Rede angenommen, so hieße ein
»inventiver« Umgang mit diesem Text, ihn einer nicht hierarchischen und somit dezentralen Lesart auszusetzen. Ein
Text ist immer mehr als ein Beleg für eine sei es von außen
auf ihn gekommene oder aus ihm herausgezogene Bedeutung oder Botschaft. Ein Text hat stets mehrere Zentren. Es
gibt mehrere Ein- und Ausgänge, von denen keiner mehr
oder weniger privilegiert ist als ein anderer. Und natürlich
entstehen unterschiedliche Verbindungen zwischen diesen
Ein- und Ausgängen, wie Durchzugskarten durch einen Text,
die sich jeweils sofort verändern, wenn man durch einen
anderen Eingang hineinkommt oder den Text durch einen
anderen Ausgang verlässt.[21] Einen Text zu lesen und zu inter-
pretieren kommt also einem Experimentieren gleich, einem
Ausprobieren und Erfahrungen Machen. Ein solches experi-
mentelles Erfinden ist vornehmste Aufgabe der Rhetorik als
inventio.

Konzentrieren wir Rhetorik einmal auf die religiöse Rede
und diese auf die christliche – gemeinhin Predigt genannt –,
so steht eine *inventio* als rhetorischer Schlüssel an deren
Beginn. Aus dem Blickwinkel der Entstehung von Aufschreibe-Systemen alter Texte hatten die hebräischen Texte, die
wir Altes Testament nennen, die Besonderheit, nur als Konsonanten aufgeschrieben zu sein. In der Folge konnten nur
diejenigen diese Texte lesen, die die zu den Konsonanten
gehörenden und somit bedeutungsstiftenden Vokale kann-
ten. Zuerst lernten Kinder diese von ihren Müttern, dann

---

21 GILLES DELEUZE/FELIX GUATTARI, Kafka, Pour une littérature mineure, Paris
1975, 7.

von den Vätern im Lehrhaus. Jesus von Nazareth wurde ins Lesen dieser Texte eingeführt, jedenfalls ist er noch im Todeskampf in der Lage, die hebräische Sprache der Bibel korrekt zu rezitieren: Eli, Eli ... (Ps 22,2; Mt 27,46). Als Jesus von Nazareth zu seinem Umgang mit der Schrift, dem Gesetz befragt wurde, antwortete er in der Bergpredigt, also der Rede, deren Quellen am dichtesten an seine historische Person herankommen, dass er kein Jod, nicht den kleinsten Konsonanten, nicht einmal ein (hinzugefügtes) Vokalhäkchen ändern wollte. Der Erforscher von Aufschreibe-Systemen, Friedrich Kittler, nimmt dies als Indiz dafür, dass Jesus allen Menschen die Schrift zu lesen ermöglichen wollte, so dass nicht mehr nur eine eingeführte Elite die Texte lesen konnte und damit die Deutungsmacht über sie innehatte. Kittler pointiert und erkennt darin den eigentlichen Grund für die Hinrichtung Jesu. Er ist der Erfinder der Vokale. Er ist Vokal.

Es sollte mehrere hundert Jahre dauern, bis sich der vokalisierte Text durchgesetzt hatte. Alle Menschen sollen Zugang zu den heiligen Texten haben und sie verstehen können, nicht nur eine Elite. Und jeder, jede, die den Text liest, soll ihn für sich heutig lesen können. Diese einfache Erkenntnis und implizite Voraussetzung von Rhetorik als *inventio* hat keine andere Konsequenz als die: dass das, was immer Wahrheit sein kann, immer nur dann Wahrheit ist, wenn sie für alle da ist (Jacob Taubes).[22]

Unwahrscheinlich ist, dass Cicero seinen ersten rhetorischen Entwurf in jugendlichem Leichtsinn *de inventione* nannte. Dennoch mag er, als er als erfolgreicher Politiker und Staatsmann seriöser anmutende Titel wie »Über die Rede«

---

22 Vgl. Cord Riechelmann, Paulus – unser Zeitgenosse, in Kathrin Oxen/ Dietrich Sagert (Hg.), Mitteilungen. Zur Erneuerung evangelischer Kanzelrede, Leipzig 2013, 92.

und »Der Redner« bevorzugte, einem leichten Unbehagen nachgegeben haben, was von der realpolitischen Situation im Rom seiner Zeit herrührte, denn dort gab es Sklaven ...

Ein derart unterstelltes, diffuses Unbehagen wäre schlagartig klar geworden, hätte Cicero die Schriften des Apostels Paulus lesen können. Der sagte es klar heraus: Hier ist nicht Jude noch Grieche, hier ist nicht Sklave noch Freier, hier ist nicht Mann noch Frau ... (Gal 3,28a), und er folgte dem Impuls der *inventio* ohne Furcht.

Hierzu unterscheidet Paulus zunächst mit unbestechlicher Klarheit zwischen seinem Denken und den Denkungsarten seiner Zeit. Da ist das Denken der griechischen Weisen und Philosophen. Mit unterschiedlichen Varianten verstehen die Griechen die Welt als eine feste Ordnung, sie nennen die Welt den Kosmos oder das Sein und ordnen den Menschen, das Subjekt mit seiner Vernunft, dieser Ordnung unter. Das jüdische Denken der Propheten ist gegenüber dem griechischen Denkgebäude nun gerade das Gegenteil. Die Erwählung des Volkes Israel, die Zeichen und Wunder, die von den Propheten gedeutet werden, überschreiten die natürliche Ordnung auf den einen Gott hin. In der Unterscheidung des Paulus ist das jüdische Denken die Ausnahme, die sich nicht unterordnen lässt unter die natürliche Ordnung der Welt. »Im Grunde ist die paulinische Idee die, dass jüdisches und griechisches Denken die beiden Seiten derselben Figur von Herrschaft sind«[23]. Das Denken des Paulus lässt sich nach Alain Badiou folgendermaßen zusammenfassen und zuspitzen:

Christliches Denken kann seinen Ausgangspunkt unmöglich unter einer anderen Herrschaft nehmen, also weder

---

23 Alain Badiou, Paulus. Die Begründung des Universalismus, München 2002, 80.

innerhalb einer Totalität noch deren Ausnahme. Paulus kann nur von einem Ereignis ausgehen, das sich keiner Totalität einfügt und ein Zeichen von nichts ist. Paulus versteht sich selbst ja auch nicht als einen griechischen Weisen oder Philosophen und auch nicht als einen jüdischen Propheten. Er ist ein berufener Apostel. Im Unterschied zu den Jüngern ist Paulus als berufener Apostel weder ein Gefährte Jesu, noch ein Zeuge des Ereignisses, um das es ihm geht. Für Paulus ist nur ein Ereignis wichtig, darin schmilzt alles zusammen. Dieses Ereignis selbst ist nicht von der »Ordnung des Faktischen«, es ist nicht beweisbar und seine Wahrheit lässt sich nicht an historischen Tatsachen überprüfen. Es ist ein »reines Ereignis, Eröffnung einer Epoche, Veränderung der Beziehung zwischen Möglichem und Unmöglichem«[24]. Als Apostel hat Paulus keine andere Aufgabe, als diese Möglichkeit zu bekennen und zu verkünden. Seine Botschaft betrifft die reine Treue zu der Möglichkeit, die das Ereignis eröffnet hat.

Was ist das Ereignis dieser fremden Art? Es ist das Christusereignis (vgl. Gal 3,28b): die Auferstehung Christi. Und die neu eröffnete Möglichkeit besteht darin, dass der Tod besiegt werden kann. Das Ereignis selbst ist Gnade; die Möglichkeit den Tod zu besiegen, hängt von jenem Ereignis der Gnade ab. Vor diesem Ereignis versagen Sprache und Denken. Paulus muss Sprache und Denken, das Subjekt des Glaubens neu erfinden, damit dieses Ereignis überhaupt im normalen, natürlichen Dasein existieren kann. Und das bedeutet »die Erfindung einer Sprache, in der Torheit, Ärgernis und Schwäche an die Stelle der erkennenden Vernunft« treten; die Erfindung einer Sprache, in der Torheit, Ärgernis und Schwäche an die Stelle »der Ordnung und der Macht

---

24 A. a. O. 85.

treten«; die Erfindung einer Sprache, »in der das Nichtsein
die einzig glaubhafte Bestätigung des Seins ist«[25].

Auf doppelte Weise ist die *inventio* also der christlichen
Rede, der Predigt eingeschrieben. So ist es nur konsequent,
wenn der Soziologe Bruno Latour aus Anlass des 2000jäh-
rigen Bestehens des Christentums unter der Überschrift
»Jubilieren« nach der religiösen Rede fragt und im ersten
Satz von einer »Qual« spricht. Die in religiösem Zusammenhang gebrauchten Worte haben, so Latour, ihren Sinn
verloren, oder gar der Sinn die Worte. Als durch Rationalis-
mus und Informationszeitalter konditionierte Zeitgenossen
haben wir den Zugang zu den althergebrachten Worten und
biblischen Texten verloren. Wir verstehen nicht mehr, dass
diese Texte nicht dazu gemacht sind, Informationen zu übermitteln, sondern dazu, uns als Personen zu verändern, vergleichbar dem Gespräch zwischen Liebenden. Latour untersucht einige biblische Texte und auch von ihnen inspirierte
Malereien und erkennt die Legende dieser Legenden, also
deren Leseanleitung, jenseits von Ästhetisieren, Rationali-
sieren, Entmythologisieren oder historisch Reinigen am Beispiel des Markusevangeliums. Latour konzentriert sich auf
die in diesen Texten enthaltenen »Leerstellen, Ungewisshei-
ten, Brüchen und Unwahrscheinlichkeiten« und entwickelt
eine longitudinale und eine vertikale Leseweise: »Achten wir,
während der longitudinale Bericht Ereignisse von der Predigt
Johannes des Täufers bis zur Himmelfahrt aneinanderreiht
und unseren Blick in die Ferne, nach Palästina, ins Römische
Reich lenkt, erneut auf die im Text verstreuten Gebrauchs-
anweisungen dafür, wie er recht aufzufassen, recht zu lesen,
recht zu verstehen sei. Alsbald wird dieser Bericht, der als der
rudimentärste unter den vieren gilt, von außerordentlicher,

---

25 A. a. O. 90.

wundersamer Geschicklichkeit. In der Longitudinalreihe verstanden, erzählt er eine wunderbare Geschichte; in der Vertikalreihe vernommen, sagt er uns, wie jede Heilsgeschichte zu verstehen ist – um neue herzustellen«[26]. In einer Wechselbewegung von Wiederholung und Variation entdeckt Bruno Latour das Verfahren der religiösen Rede: *l'invention fidèle*, die getreue Erfindung.

Ob Cicero das wusste? Immerhin leitet er *lex* (Recht) von *legere* (auswählen) her und hält mindestens auf diese Weise einen rhetorischen Spielraum offen.

---

26 BRUNO LATOUR, Jubilieren. Über religiöse Rede, Berlin 2012, 161.

Weniger ist mehr. Figuren einer kleinen Rhetorik

> Das Gedächtnis erwartet die Intervention des Gegenwärtigen.
>
> *Paul Valéry*

Die Kunst der Rede ist zugleich auch eine Technik der Rede. Doch nicht jede angewandte Technik einer Rede führt zu ihrer Kunst. Eine nicht zu unterschätzende Zutat ist die Inspiration, die Gunst der Stunde. Zwischen einer kunstgewerblichen rhetorischen Laubsägearbeit und der geglückten charismatischen Rede ist allerdings viel Platz. Und wie so oft sind es die kleinen rhetorischen Figuren, in denen sich das versteckt, was bei Technik und Charisma einer Rede unabdingbar ist: das Denken.

Wenn ich rhetorische Figuren hier ›kleine rhetorische Figuren‹ nenne, beziehe ich mich auf den französischen Philosophen Gilles Deleuze. Im Anschluss an seine Ausführungen zu einer ›kleinen Literatur‹ nach Franz Kafka, einem ›kleinen Theater‹ nach dem italienischen Regisseur Carmelo Bene und an eine ›kleine Philosophie‹, möchte ich das ›klein‹ bei ›kleine rhetorische Figur‹ folgendermaßen charakterisieren: Im Unterschied zu *majeur* bezeichnet *mineur* bei Deleuze in den genannten Zusammenhängen die Dinge jenseits der Norm, des *status quo* und des Repräsentativen. *Mineur* meint die Dinge an den Rändern, dort, wo sie im Werden begriffen sind. *Mineur* meint Sprache dort, wo sie zu stottern beginnt und erfinderisch wird, wo sie den Bereich der repräsentativen Hochsprache verlässt und neue Worte hervorbringt, wo sie die Grenze des Schweigens berührt. *Mineur* meint Theater dort, wo dramatische Konflikte ihres Herrschaftsaspektes beraubt sind, wo nicht Macht der Antrieb ist, sondern die Kraft aus der Ohnmacht hervorbricht. *Mineur* meint Philosophie, wo sie zu denken beginnt, was bis dahin undenkbar erschien und das Geländer von Systemen verlässt. *Mineur* hat hier nichts mit quantitativer Minderheit oder Mehrheit zu tun. Es stellt vielmehr den Aspekt des Werdens in den Mittelpunkt. Mit einem Rückgriff auf Pier Paolo Pasolini nennt Deleuze die diesem Werden entsprechende Rede die ›freie indirekte Rede‹. Sie besteht »weder in einer Sprache A, noch in einer Sprache B, sondern ›in einer Sprache X, die nur die Sprache A ist, sofern diese im Begriff ist, wirklich zu einer Sprache B zu werden‹«[27].

Die klassische rhetorische Figur, die »immer vom Mehr zum Weniger geht«[28], ist die *universio*. Sie ist der *modus operandi* der natürlichen Form der Ironie in Form der doppelten Verneinung. Ihr widmet der russisch-französische Philosoph Vladimir Jankélévitch in seinem Buch »Die Ironie« ein ganzes Kapitel.[29]

Sokrates erscheint als die Verkörperung der doppelten Verneinung, der *litotes*, wie ihr griechischer Name lautet. Sokrates begibt sich auf das Niveau seiner Gesprächspartner herab, um sie von dort aus zu belehren. Die Litotes ist sein Erziehungsmittel und ist gekennzeichnet von einer überraschenden Selbstlosigkeit, die nicht zuletzt darin besteht, mit einem Unterstatement gleichgesetzt oder verwechselt zu werden. Die Litotes vertritt die Schlichtheit und ist Zeichen einer Scham davor, »das Mehrere auszudrücken, indem man das Wenigere sagt, oder *umgekehrt*, indem man weniger Rührung zeigt, als man empfindet«[30].

---

27 GILLES DELEUZE, Kleine Schriften, Berlin 1980, 29.

28 A. a. O. 81.

29 VLADIMIR JANKÉLÉVITCH, Die Ironie, Frankfurt a. M. 2012, 81–98.

30 A. a. O. 88.

Die Litotes »wendet eine Art von Gesetz des Geringsten an, das sie der Redundanz und allen Pleonasmen des Denkens oder der Sprache diametral entgegensetzt. Ironie will nicht so sehr ausdrücken als vorschlagen, und ihre paradoxen Wirkungen, die zur Größe der ausgegebenen Mittel umgekehrt proportional sind, machen uns mit der ganz spirituellen und qualitativen Natur des Beredsamkeit vertraut; es gibt in der Macht der Worte eine Art tiefer Phantasie, die nicht ohne Analogie mit der Unvorhersehbarkeit der Lust und des Schmerzes ist«[31].

Neben Sokrates gibt es aber auch »christologische doppelte Verneinungen«[32]. Insbesondere in den Auseinandersetzungen zwischen Jesus und den »dozierenden Pharisäern« und in den Verhören während seines Prozesses sieht Jankélévitch eine Ironie jenseits von Berechnung, Gewinn und Taktik am Werk. Hierzu geht Jankélévitch auf die Studie »Schopenhauer Hamlet Mephistopheles« von Friedrich Paulsen aus dem Jahre 1900 zurück. Sie untersucht zahlreiche Szenen aus den Evangelien und stellt den jesuanischen »ironischen Humor« gleichberechtigt neben die »intellektuelle Ironie« des Sokrates. In beiden erkennt Jankélévitch einen »Habitus des Denkens und der Rede, der da entsteht, wo ein in Wahrheit Überlegener sich vor der scheinbaren und angenommenen Überlegenheit der Umgebung die Stellung des minderen Mannes gibt oder vielmehr diese ihm von der Umgebung zugewiesene Stellung annimmt und nun aus ihr heraus redet und handelt«[33]. Diese rhetorische Haltung der ironischen Litotes dient »nur einem einzigen Herrn – dem

31 A. a. O. 89.

32 A. a. O. 84.

33 MATHIAS MAYER, Zur Theologie einer rhetorischen Figur, FAZ vom 8.5.2013, Nr. 106, N3.

Wahren; die Wahrheit, die durch das Duo von Ich und Du unpersönlich ist, befehligt die selbstlose Verkleinerung«[34].

Indem die Ironie lakonisch und diskontinuierlich darauf verzichtet, erschöpfend zu sein, sich nicht der Manie der Aufzählung ergibt und um geschlossene Systeme schlicht herumgeht,»schenkt sie dem Hörer Vertrauen, um den Sinn mit dem Hebel des Zeichens hervorzuheben, und sie schenkt der Wahrnehmung Vertrauen, um mit Erinnerungen die Signale der Empfindungen zu ergänzen«[35]. Wie eine Art »Schweigegebet« durchkreuzt die Ironie die »Fallen der Sprechweise«[36] und unterbricht sie.

Diese Unterbrechung ist nicht nur eine Unterbrechung im Sinne einer Pause, die sich wie Spuren eines Gespräches durch eine Rede ziehen können. Wird doch jedes Gespräch bestimmt durch Unterbrechung auf der einen Seite, die die andere Seite überhaupt erst zu Wort kommen lässt. Hier erlaubt die Unterbrechung den Austausch. »Sich unterbrechen, um sich zu verstehen; sich verstehen, um zu sprechen«[37] – Maurice Blanchot nennt sie die dialektische Unterbrechung.

»Aber es gibt eine andere Art der Unterbrechung, die rätselhafter und schwerwiegender ist. Sie führt das Warten ein, das die Distanz zwischen zwei Gesprächspartnern bemisst, nicht mehr die reduzierbare Distanz, sondern die nicht reduzierbare«[38]. Hier kann die durch die Unterbrechung entstehende Distanz nicht mehr ausgeglichen werden, eine Trennung, ein Sprung tut sich auf. Das einzige Verhältnis

---

34 JANKÉLÉVITCH, Ironie (wie Anm. 29), 86.

35 A. a. O. 93.

36 A. a. O., 90.

37 MAURICE BLANCHOT, Unterbrechung, in: Das Neutrale. Philosophische Schriften und Fragmente, Zürich/Berlin 2010, 171–177, hier 171.

38 A. a. O. 173.

zwischen den Gesprächspartnern ist diese Trennung. Er wird zum Anderen. Das Verhältnis zu ihm ist »auf diese Unterbrechung selbst« gegründet, die sich als eine »Seinsunterbrechung« herausstellt. Der Andere ist der »Unbekannte in seiner unendlichen Distanz«. Es »kommt dem Sprechen zu, sie nicht zu reduzieren, sondern zu ertragen, und sei es, ohne sie zu sagen oder ohne sie zu bezeichnen«. Hier verändert sich die Sprache selbst. Was die dialektische Unterbrechung lediglich markierte, wird zu einem »Wechsel in der Sprachform, oder in ihrer Struktur«[39].

Dieser Wechsel der Sprachform bedeutet den Verzicht darauf, Sprache »einzig im Hinblick auf ihre Einheit zu denken«. Dieser Verzicht ist zugleich eine Entdeckung: Die Wortverhältnisse, die eine Sprache ausmachen, werden asymmetrisch gedacht, die Diskontinuität der Unterbrechung wird zur leitenden Ebene des Sprechens. Es ginge darum, »nachdem man auf die ununterbrochene Kraft der zusammenhängenden Rede Verzicht geleistet hat, eine Sprachebene freizusetzen, auf der man nicht nur die Fähigkeit erlangen könnte, sich auf aussetzende Weise auszudrücken«, sondern das Aussetzen selbst »zu Wort kommen zu lassen«. Diese Sprachebene wäre diejenige einer »nicht vereinheitlichenden Rede, die akzeptieren würde, weder Übergang noch Brücke zu sein«. Ein derartiges Sprechen wäre kein »überbrückendes Sprechen«, das in der Lage wäre, »beide durch den Abgrund getrennte Ufer zu überqueren, sondern vielmehr ein Sprechen, das die Kluft auseinandertreibt, ohne sie auszufüllen und die beiden Ufer wieder zu vereinen«[40].

Sprache von der nicht dialektischen Unterbrechung her zu denken, bedeutet, Sprache von etwas her zu denken,

---

39 A. a. O. 174.
40 A. a. O. 175.

was jeder Rede und jedem Schweigen vorausgeht, bzw. der Sprache selbst äußerlich ist. Es bedeutet also, Sprache von ihrem Außen her zu denken. Nun müsste sich ein solches Denken des Außen der Sprache immerhin sprechend ausdrücken. Und so muss man sich fragen, »ob sprechen nicht immer bedeutet, das Außen jeder besonderen Sprache in die Sprache selbst einzubringen«. Wie kann man in dem Maße »außerhalb von« sprechen, wie es »sich in jedem Wort findet« und bei jeder Unterbrechung »droht, das Wort in das umzuwenden, was von jedem Sprechen ausgeschlossen ist«[41]?

Es sind vor allem die kleinen rhetorischen Figuren, in denen sich das Denken versteckt, das zu denken sucht, was bis dahin ungedacht bzw. undenkbar war. Wenn es um ein Zur Sprache Bringen solchen Denkens geht, gilt im Zweifel: weniger ist mehr.

---

41 A. a. O. 177.

Reden wäre der Beginn

Ob es vielleicht doch so etwas geben könnte wie ›Neutralität‹,
die durch Zurücknahme entsteht?
Die dadurch erst möglich wird, dass sich vier Sänger für eine ›fünfte‹,
gemeinsame menschliche Stimme zurücknehmen?
Ob dadurch eine magische Stimme jenseits des menschlichen Ausdrucks
entstehen kann und damit quasi anknüpft
an einen vorbarocken Begriff von Gemeinschaft?
Ob die Summe ihrer Stimmen umschlagen kann in etwas,
das den Texten gerecht wird, in denen ein Ich nicht mehr auszumachen ist?
Ob dadurch die Körperlichkeit der Stimmen aufgehoben wird,
obwohl die Sänger auf der Bühne stehen?
Ob die Worte selbst dabei zu *dramatis personae* werden?
Heiner Goebbels

In der klassischen Rhetorik wird die Ausführung einer Rede,
die *pronuntiatio*, auch *actio* genannt. In der Ausführung
einer Rede agieren die verbalen und nicht verbalen Anteile
einer Rede in verschiedenen Registern miteinander. Im Aus-
sprechen, Vortragen, Bekanntgeben der Rede selbst besteht
die rhetorische Aktion. Genauer betrachtet setzt sich diese
actio aber aus zwei Teilen zusammen.

Zum einen besteht sie in den Aktivitäten des Redenden,
in der *pronuntiatio* der verbalen und nichtverbalen Anteile
einer Rede; also aus den Lautstärken, Akzenten, Tempi und
Pausen, der Artikulation, der Timbres und Lautmalungen,
aber auch der Mimik, Gestik, den Blick- und Augenkontak-
ten, der Haltung und Sprache des Körpers des Redenden,
seiner persönlichen Präsenz. Bei diesem ersten Aspekt der
actio handelt es sich um die Rede, insofern sie an den Reden-

den gebunden ist bzw. von ihm aus geht. Der Redner ist der Akteur der Rede.

Zum anderen besteht sie in dem, was die Rede aktiviert, also bewirkt, in Gang setzt. Bei diesem Aspekt der Rede geht es um die Rede, insofern sie sich vom Redner ablöst. Die Rede löst sich von ihrem Akteur und wird auf eine andere Weise, als es der Redende ist, selbst aktiv. Sie wird zu einem *Aktanten*[42] und setzt etwas in Gang, was über die Rede und den Redner im Moment der Rede hinausgeht.

> »Ich möchte [...] beginnen mit einem einzigen Wort, ohne weiteren Kontext, ohne Satzzusammenhang: ›Versöhnung‹. Ein einziges Wort. Versöhnung.
>
> Will eine Versöhnung ausgesprochen sein? Gar erhört sein? Vernehmbar, sichtbar? In einem Wort: ›phänomenal‹ sein? Oder im Gegenteil: Soll sie geheim, still, stumm sein? Verschwiegen, unaussprechlich? Nicht in Erscheinung tretend, einsam?
>
> Anders gesagt: Sollte sie oder sollte sie keine Theatralität beinhalten, keinerlei Inszenierung? Oder gar eine mögliche Obszönität? Soll die Vergebung sich offen zeigen, oder sich zurückziehen?
>
> Nehmen wir an, wir wären im Theater.
>
> Schauen und hören wir zu. Erster Akt, erste Szene. Die Personen der Handlung: vier Männer. Alle vier auf ihre Art christlichen Glaubens, Protestanten. Die vier, ich wiederhole ihre Namen: Hegel, Mandela, Clinton, Tutu. Sie können alle ein Lied singen von Vergebung, Amnestie, Meineid, Reue, Versöhnung. Hören wir sie als Zeugen.

---

42 Nach Bruno Latour. Vgl. Henning Schmidgen, Bruno Latour zur Einführung, Hamburg ²2011, 102–106.

Aber noch bevor sich der Vorhang hebt, ertönt eine Stimme aus dem Off, und natürlich spricht sie Deutsch. Ich nehme Hegel zunächst einmal wörtlich. Das Wort der Versöhnung.

Nicht: das Wort ›Versöhnung‹. Sondern das Wort ›der‹ Versöhnung. Das Wort ›zur‹ Versöhnung. Das Wort, mit dem man die Versöhnung einleitet, mit dem man Versöhnung anbietet, indem man als erster die Hand ausstreckt.

Das Wort der Versöhnung ist also der Akt, der Sprechakt, durch den man mittels eines Wortes, indem man spricht, mit einem gesprochenen Wort die Versöhnung einleitet, sie anbietet, indem man sich an den Anderen wendet.

Was zumindest bedeutet, dass zuvor Krieg und Leid geherrscht haben müssen, und Traumatisierung, Verwundung. Das heißt, nach dem gesunden Menschenverstand unwiderlegbar, dass nur ein Lebender verletzt werden kann, eine Verletzung empfangen und empfinden kann, auch wenn die Verletzung tödlich ist, die er oder sie erleidet. Eine Verletzung, die absehbar zum Tode führen wird.

Also Verletzung, Schlag, Wunde, Traumatisierung, Riss, Schnitt, Schürfung, Kratzer, Verstümmelung, Einschnitt, Herausschneiden, Beschneidung. Jede erdenkliche Verletzung hinterlässt, wenn sie ein lebendes Gewebe trifft, zumindest für eine Zeit lang, eine Narbe.

Und selbst wenn ›Verletzung‹ eine biologische Chiffre für ein psychisches Leiden sein sollte oder ein moralisches, spirituelles, ein Phantasma, so machen Vergebung und Versöhnung doch nur dort Sinn, wo diese Verletzung etwas hinterlassen hat: eine Erinnerung, eine Spur. Also eine Narbe, die zu heilen wäre oder zu lindern, zu denken.

Sprechen wäre der Beginn der Versöhnung.
Selbst wenn, und das wusste Hegel sehr wohl, man dabei ist, seinen Hass oder den Krieg zu erklären, einander zu beleidigen, zu beschimpfen, zu verletzen. In dem Moment, wo man spricht, wo man miteinander spricht, kommt ein Prozess der Versöhnung in Gang.

Wie also neu beginnen und zu allen gleichzeitig sprechen? Zu jedem Einzelnen und universell? Außerdem die Frage: Wie mehrere ansprechen? Mehr als einen Einzelnen? Diese Frage ist der eigentliche Kreuz- und Angelpunkt der Versöhnung«[43].

Der Grund jeglicher Rede kommt hier zur Sprache und *in actio*: Versöhnung. Insbesondere die »religiöser Rede« hat Versöhnung zum *Aktanten*, und führt ihren Ausdruck ins »Jubilieren« (Bruno Latour).

Drei Kommentare:

(1) Ein Redner, eine Rednerin spricht nicht voraussetzungslos. Als Akteure seiner Rede spricht er von einem Standpunkt aus, der wesentlich aus vier Bewegungen zusammengesetzt ist. Der Sprachphilosoph Eugen Rosenstock-Huessy nennt diesen Standpunkt das »Kreuz der Wirklichkeit«: »Immer wenn wir sprechen, versichern wir uns des Lebendig-Seins, weil wir einen Mittelpunkt einnehmen, von welchem das Auge rückwärts, vorwärts, nach innen und nach außen blickt. Sprechen heißt, im Mittelpunkt des Kreuzes der Wirklichkeit stehen [...]. Vier Pfeile zeigen in die vier Richtungen, denen jedes lebende Wesen verhaftet ist. Ein menschliches Wesen nimmt, wenn es spricht, seinen Stand ein in Zeiten

---

43 Jacques Derrida in: Safaa Fathy, Derrida, anderswo, Berlin 2012.

und Räumen. ›Hier‹ spricht es von einem inneren Raum aus zu einer äußeren Welt und von einer Außenwelt aus zu seinem eigenen Bewußtsein. ›Jetzt‹ spricht es zwischen dem Beginn und dem Ende der Zeiten«[44]. Das Hier und Jetzt des Redners können als Bewegungen verstanden werden, denen er selbst ausgesetzt ist, die ihn im Vollzug der Rede in ein Transformationsfeld stellen.

(2) Der italienische Philosoph Giorgio Agamben findet die erste Theorie des Sprechaktes in Theorie und Praxis der christlichen Liturgie ausgebildet. Der in unserem Zusammenhang interessante Begriff ist *effectus*. Der Begriff *effectus* bezeichnet »den Modus der Gegenwart und die Operativität Christi in den Sakramenten«[45]. Bei Thomas von Aquin wird der Begriff zunächst im Sinne von Darstellen und Teilhaftigmachen verwendet. In den Sakramenten, insbesondere dem Abendmahl, wird das Leiden Christi dargestellt und schließlich haben die Menschen Anteil an der Frucht des Leidens Christi. *Effectus* bezeichnet »die Wirklichkeit der Wirkung des Sakramentes sowohl in Bezug auf die Darstellung als auch auf Gebrauch und Zweck des Sakraments«[46] selbst. Das Sakrament verwirklicht also das, was es darstellt. Darüber hinaus wirkt nach einem Gedanken von Leo dem Großen ein Sakrament nicht nur in diesem Sinne, sondern es schafft die Wirklichkeit des im Sakrament Dargestellten und Wirksamen. »Das semantische Oszillieren zwischen Wirkung und Wirklichkeit« weist »auf einen Wandel hin, der eben jene

---

44 Eugen Rosenstock-Huessy, Die Sprache des Menschengeschlechts. Eine leibhaftige Grammatik in vier Teilen, Bd. 1, Heidelberg 1963, 319–326; vgl. ders., Des Christen Zukunft, München/Hamburg 1965.

45 Giorgio Agamben, Opus Dei. Die Archäologie des Amtes, Frankfurt a. M. 2013, 73.

46 Ebd.

ontologische Kategorien betrifft, mit deren Hilfe die Realität verstanden wird«[47].

Diese Untersuchung des Begriffes *effectus* zeigt ihn als Teil eines rhetorischen Diskurses. Bei Cicero heißt es: *effectus eloquentiae audientium approbatio*. Und das heißt gerade nicht: »die Wirkung der Redekunst ist die Zustimmung durch die Zuhörer«, sondern »›die Wirklichkeit, Realität der Redekunst liegt in der Zustimmung durch die Zuhörer‹ (also in der Wirkung, die sei hervorruft). Cicero hat eine Seinsweise im Sinn, in der Realität und Wirkung ununterscheidbar sind«[48]. Nach der Auswertung einiger weiterer Belegstellen folgert Agamben: »*Effectus* benennt also nicht einfach das Im-Werk-Sein, sondern das Tun, das von außen eine Potenz realisiert und in diesem Sinne wirklich wird«[49]. Über weitere Schritte und Belege hinaus fasst Agamben *effectus* als ein Paradigma des Tuns wie folgt zusammen: »In Wirklichkeit ist das Paradigma des Tuns, um das es hier geht, den *artes actuosae* wie dem Tanz oder Schauspiel näher, als es zunächst scheint.« Cicero vergleicht es »mit den Gesten und Bewegungen des Schauspielers und des Tänzers und sagt von diesen, dass ›ihr Zweck, dass heißt die Verwirklichung der Kunst, nicht außerhalb, sondern in ihnen selbst gesucht werden muss‹. Das Ziel ist hier kein veräußertes Werk (wie in der *poiesis*), aber es fällt ebenso wenig, wie es auf den ersten Blick scheinen könnte, mit dem Tun selbst zusammen (wie in der *praxis*). Es fällt mit dem Tun überhaupt nur insofern zusammen, als dieses die Verwirklichung (*effectio*) einer Kunst ist. Entscheidend ist, dass das neue ontologisch-praktische Paradigma von einer künstlerischen Tätigkeit abgeleitet ist (einer theatralen bzw.

---

47 A. a. O. 78.
48 A. a. O. 78 f.
49 A. a. O. 80.

tänzerischen), dass es also nicht um ein ethisches, sondern um ein bestimmtes technisches Paradigma geht. Während Aristoteles das Werk (*ergon*) als *telos* der *poiesis* des Handwerkers oder Künstlers betrachtet, ist das *telos* im Paradigma der performativen Künste wie Tanz und Schauspiel, die per definitionem werklos sind, nicht mehr das Werk, sondern die *artis effectio*«[50]. In diesem Sinne ist Rhetorik eine performative Praxis.[51] »Entscheidend ist nicht mehr das Werk als beständiges Verweilen in der Anwesenheit, sondern als Operativität, die als Schwelle verstanden wird, an der Sein und Tun, Potenz und Akt, Werktätigkeit und Werk, Wirksamkeit und Wirkung [...] in ein Spannungsfeld eintreten und tendenziell ununterscheidbar werden«[52].

(3)   Es sind die »Zonen der Ununterscheidbarkeit«, in denen nach Gilles Deleuze heterogene Realitäten aufeinander stoßen. Im Aufeinanderstoßen, Sich Überlagern, Sich gegeneinander Verschieben und Vermischen bildet sich ein imaginärer Transformationsraum, in dem Veränderung geschieht und Neues entsteht. Soll Kommunikation nicht nur die Weitergabe von Befehlen sein, ist das Entstehen von »Zonen der Ununterscheidbarkeit« Teil ihrer performativen Praxis, ihres *effectus*. Sie überträgt sich auf die Zuhörenden einer Rede, zieht sie in den Strudel lebendigen Denkens und transformiert sie zu Ko-Redenden. Und dies auf sonderbare Art und Weise: »Niemand kann jemand anderem lange zuhören. Also eine Vorlesung war für mich immer etwas, was nicht dazu bestimmt war, verstanden zu werden in seiner Totali-

---

50 A. a. O. 82.

51 Dies ist die Figur, mit der auch der vielbeschworene Zusammenhang zwischen Predigt und Kunst gedacht werden könnte; ein homiletisches Desiderat.

52 A. a. O. 85.

tät. Es geht darum, dass das, worüber man spricht, wirklich in Bewegung gerät. Darin ähnelt es eher einem musikalischen Phänomen [...]. [J]eder nimmt das, was er braucht; schlecht ist das, was niemand braucht, was der Fragestellung von niemandem entspricht. Aber man kann nicht sagen, dass alles irgend jemandem entspricht. Also muss jeder ein wenig abwarten [...]. [E]s ist nicht so schlimm, wenn jemand halb einschläft, durch welches Mysterium auch immer wacht er genau an der Stelle auf, an der von dem die Rede ist, was ihn angeht [...]. Das hat ebensoviel mit Emotion wie mit Intelligenz zu tun [...]. Es geht darum, in dem Moment aufzuwachen, in dem das gesagt wird, was einen persönlich betrifft. Darum ist es wichtig, dass die Zuhörer sehr unterschiedlich sind. Auf diese Weise springt die Aufmerksamkeit hin und her, von Person zu Person«[53].

In ihrer *actio* gehen der Redende und die Rede selbst über sich hinaus. Dies ist in mehrerer Hinsicht ein real aktives Geschehen, eine Teilung. Der *modus operandi* einer Rede ist Teilung, Mit-Teilung. Sinn existiert nicht, außer im Mit, in der Teilung. »Das heißt, dass der Sinn die Selbstaufgabe in der Mit-Teilung ›ist‹ – diese Gabe ist weder eine Vorgegebenheit noch eine Vor-setzung, denn es ist die Mitteilung, die die Gabe macht«. Wenn man von Sinn als etwas Gegebenem spricht, so kann nur frei geben im Sinne von frei lassen gemeint sein. Sinn ist nicht außerhalb oder unabhängig von Mit-Teilung, nicht außerhalb einer konkreten Stimme, die spricht. »Der Sinn gibt sich, er gibt sich frei. Es gibt vielleicht

---

53 Gilles Deleuze, Abécédaire, Paris 1988; vgl. die deutsche Fassung: Abecedaire – Gilles Deleuze von A bis Z, Disc 3, Kapitel 03 (Professor), Berlin 2009.

keinen anderen Sinn des Sinnes als diese Freigiebigkeit, in der er sich weder setzt noch zurückhält«[54]. In diesem Sinne ist Rhetorik freigiebig und großzügig.

54 Jean Luc Nancy, Die Mit-Teilung der Stimmen, Zürich 2014, 67.

Pro und Kontra und darüber hinaus

> Was man nicht sagen kann, kann man vielleicht schon singen.
> *Heiner Müller*

Nicht zu allen Zeiten ist Rhetorik als Redekunst und Redetechnik eine geschätzte Disziplin gewesen. Als derjenige, der für ihre Wirkungen (*officia oratoris*) wie *docere et probare* (belehren und argumentieren), *conciliare et delectare* (gewinnen und erfreuen), *flectere et movere* (rühren und bewegen) nur noch Verachtung übrig hatte, wird im Allgemeinen Immanuel Kant angesehen. Er nahm ganz andere Wirkungen wahr. Und dies sowohl bei der Lektüre berühmter römischer Reden als auch bei Reden seiner Zeitgenossen, sei es im Parlament oder auf der Kanzel. Kant spricht von einer »hinterlistigen Kunst«, die »die Menschen als Maschinen« steuert und ihm »gar keiner Achtung würdig« ist.

So trennt er von der Dichtung die Rhetorik ab. Es bleiben »einerseits eine Dichtung, über die kommunikative kritische Öffentlichkeit freiherzig ästhetische Urteile abgeben darf und soll, ohne von den Dichtwerken gesteuert zu sein, und andrerseits eine Rhetorik, die die Urteile einer anderen, nämlich der politischen Öffentlichkeit selber steuert und manipuliert, weil sie sie als unbewusste Maschinen im Vorhinein kalkulieren kann«[55].

Die Trennung von Dichtung und Rhetorik, wie sie Kant in seiner »Kritik der Urteilskraft« vollzieht, hat eine lange Vorgeschichte. Sie führt zurück in die Zeit um 550 vor Christus.

---

55 FRIEDRICH KITTLER, Philosophien der Literatur. Berliner Vorlesung 2002, Berlin 2013, 122.

In dieser Zeit ging »die harmonisch-metrisch gebundene Rede, die in Griechenland alle frühesten erhaltenen Schriften auszeichnet, zur nachmals sogenannten Prosa«[56] über. Fortan reden Philosophen, Ärzte, Historiker und andere in ungebundener Rede. Damit konnte diese von der Dichtung unterschieden werden. So sind auch bei Aristoteles Poetik und Rhetorik voneinander unterschieden. Dieser Übergang hat viele Konsequenzen, auf einige kommen wir zurück.

Der nächste wichtige Schauplatz in der Vorgeschichte zu Kants oben genannter Unterscheidung ist Rom: »Die Römer waren leidenschaftliche Juristen oder Rechthaber, wie denn das römische Recht uns in Kontinentaleuropa noch heute zu Grunde liegt: Diesem Geschäft oder Beruf dienten die sogenannten Rhetoriken. Während aber Aristoteles die erste aller Rhetoriken als ein von seiner Poetik gesondertes Buch geschrieben hatte, fiel nach lateinischem Verständnis der Dinge auch die Dichtung in die Zuständigkeit der Redekunst. Die unterschied sich von den sachlich gehaltenen Reden etwa vor Gericht, die ja einen Angeklagten entweder hinter Gitter oder in die Freiheit bringen sollten, nur durch ihre Zwecklosigkeit einerseits, ihren hohen Sprachstil andererseits«[57]. Es bildete sich eine Nomenklatur, die verbindliche Regeln erstellte, die wiederum Schule machten. Sie zeigten, »wie es der Redner anstellt, seine Zuhörer so zu adressieren, dass sie von seinen Worten mit hoher Wahrscheinlichkeit belehrt oder ergötzt, überzeugt oder gar verführt werden«[58]. Diese lateinische Rhetorik, die sich in ihrer großen Zeit mit Namen wie Cicero, Quintilian und anderen verbindet, bildet prinzipiell die Voraussetzung der begrifflichen Unterscheidung

---

56 A. a. O. 31.
57 A. a. O. 67.
58 A. a. O. 97.

von Immanuel Kant. Der meinte, die Dichtung aus den Fesseln einer manipulativen Rhetorik zu befreien.

Eine Befreiung umfassenderer Art vollzog Friedrich Nietzsche, und diese sollte auch die Rhetorik in einem anderen Licht erscheinen lassen. Er ging zu den Quellen des alten Griechenland zurück und beobachtete, dass Literatur zunächst nichts mit »*litterae* oder Lettern« zu tun hatte. Zumindest bis Euripides, von dem überliefert ist, dass er zu den wenigen Athenern zählte, die eine Bibliothek besaßen, waren griechische Dichter keine Schreiber. Denn ihre Verse fanden als »rhapsodischer Vortrag, lyrischer Tanzgesang oder dramatische Inszenierung grundsätzlich mündlich« statt. In der Folge bestand auch das Publikum nicht aus Lesern, sondern aus Hörern. Und selbst das Lesen war ein lautes Lesen, das »den ganzen Körper und eine laute Stimme brauchte. Die fälschlich so genannte Literatur der Griechen war also eine wesentlich mündliche Körpertechnik«[59].

Erst mit Sokrates und Euripides werden »all diese Sprechhandlungen in ein sogenanntes Denken überführt«, das »Nietzsche jedoch medienhistorisch als Schreiben entziffert«[60]. Erst von nun an beruhen Rezeption und Interpretation nicht mehr auf einem Erlebnis, einer Erfahrung, sondern auf Lektüre. Nietzsche hatte die altphilologischen Erkenntnisse, die nach Kants Diktum vom »Verbot aller Rhetorik« getätigt worden waren, ausgewertet, und rekonstruiert die griechische Literatur vor dem Schreiben als Rhetorik, und zwar als Rhetorik im Sinne von Körpertechnik. In seinem »berühmten Manuskript ›Über Wahrheit und Lüge im aussermoralischen Sinne‹ von 1873« lautet Nietzsches »Grundthese nämlich schlicht und einfach, dass es gar keine

---

59 A. a. O. 232 f.
60 A. a. O. 233.

unrhetorische Natürlichkeit der Sprache gibt, sondern dass Sprache und Rhetorik gerade umgekehrt eins sind«[61].

Die Befreiung des Denkens und Redens aus der Dominanz des Schreibens bringt nicht nur den Körper als »Das Andere der Vernunft«[62] wieder ins Spiel. Nietzsches Schrift »gipfelt in der These, dass die sogenannte philosophische Wahrheit, von außen analysiert, die Summe von lauter vergessenen rhetorischen Kunstgriffen oder Lügen ist, dass diese Kunstgriffe aber, fernab aller Absichtlichkeit, eine doppelte Übersetzung physiologischer Rohdaten in Medientechniken sind. Im ersten Akt filtern die Sinnesnerven aus dem unnennbaren Rauschen, das die traditionelle Philosophie als Welt verkannt hat, ein optisches Bild heraus, das dann von einer zweiten und nicht minder willkürlichen Selektion in Laute einer Sprache übersetzt wird«[63]. Was dann in der Sprache ankommt, ist eine fiktive, erfundene Wirklichkeit: »Die wahre Welt wird zur Fabel« (Friedrich Nietzsche). »Wenn jede Sprache unaufhörlich Fiktionen oder Fabeln produziert, wenn folgerecht auch die sogenannte Erkenntnis nur eine Interpretation derart produzierter Fiktionen ist, zerbrechen alle Letztbegründungen der philosophischen Tradition«[64].

Friedrich Nietzsche entdeckt Rhetorik als Körpertechnik wieder und er überschreitet sie mit dieser Entdeckung zugleich. Denn Körpertechnik schließt den Körper auch in der Rezeption mit ein. Sie wirkt wie ein *tonicum*: Sie dämpft nicht oder sediert, sondern steigert und stimuliert die Wahrnehmung. Nietzsche geht so weit, die Wirkungen von

---

61 Ebd.

62 Vgl. HARTMUT BÖHME/GERNOT BÖHME, Das Andere der Vernunft. Zur Entwicklung von Rationalitätsstrukturen am Beispiel Kants, Frankfurt a. M. 1983.

63 KITTLER, Philosophien (wie Anm. 55), 234.

64 A. a. O. 234 f.

Sprache mit einem »Dynamometer« physiologisch zu messen.[65] Damit korrigiert er seine Unterscheidung zwischen dem Apollinischen und dem Dionysischen aus der »Geburt der Tragödie« (1872). Beide fallen nur noch als unterschiedliche Geschwindigkeiten oder Energien von Rauschzuständen ineinander.[66]

Nietzsche rückt die Rhetorik dramatisch nahe an die Tragödie heran. Es ist nicht übertrieben, diese Tragödie ein »Theater der Grausamkeit« (Antonin Artaud) zu nennen: »Wer das Stück ›Aias‹ des Sophokles betrachtet, lernt eine Göttin Athene kennen, die in undurchdringlicher Bosheit den verblendeten Krieger neckt und ihn höhnisch in sein Verderben hetzt, indem sie seinen Zorn in Wahn verwandelt; wer sich den ›Eumeniden‹ des Aischylos widmet, begegnet einem Gott, Apollon, der den Orestes zum Muttermord angestiftet hatte, um danach wie ein skrupelloser Strafverteidiger für seinen Mandanten den Freispruch zu fordern. Wer die ›Bakchen‹ des Euripides studiert, wohnt der Offenbarung eines Gottes Dionysos bei, der an blutiger Rache Genugtuung findet und es für richtig hält, seine Gottheit dadurch zu erweisen, dass er einen Leugner seiner Macht durch ein Rudel von brünstigen Frauen zerreißen lässt, bis am Ende eine Mutter den blutigen Kopf ihres Sohnes wie einen irrwitzigen Gottesbeweis über die offene Bühne trägt.«[67]

Rhetorik ist jedoch »immer schon danach«: nach dem Rausch, nach der Raserei, nach dem Mord, nach dem Opfer. »Unsere ganze Geschichte hat und wurde ›nach der Tragödie‹ gedacht, sei es um die besagte ›Tragödie‹ zu verabschieden,

---

65 Vgl. a. a. O. 237.

66 Vgl. a. a. O. 238 und 241 f.

67 PETER SLOTERDIJK, Notiz über das athenische Theater und die Absonderung der Philosophie, Köln 1999, 20 f.

oder aber, um – ganz im Gegenteil – ihren Verlust zu bedauern und zu versuchen, ihre Wahrheit wiederzufinden«[68]. Ein dramatisierendes Nachbeben der Tragödie findet sich in dem rhetorischen Akt, den das Sprechen ausmacht: »[W]er sagt etwas, wann, wo – und vor allem warum«? Bei einem solchen Sprechen kommt es also nicht nur auf das »was« an, sondern auch auf die »raum-zeitlichen Koordinaten« und Zusammenhänge eines solchen Sprechens.[69]

Beide Gesten des Immer-schon-nach-der-Tragödie, das Verabschieden und der Versuch, ihre Wahrheit wiederzufinden, lassen sich im Begriff der Mutation zusammen denken. Ihnen wohnt etwas »Unvorhersehbares« und »Unberechenbares«[70] inne. Darin liegt die dramatisierende Energie ihrer Nachbeben begründet, die sich immer wieder in Philosophie und Theater wahrnehmen lassen. In ihre Nachbarschaft gehört auch das Christentum. An zentraler Stelle christlicher Überlieferung findet sich bis heute der Schlüsselsatz jeglicher Körpertechnik nach der Tragödie: *Hoc est enim corpus meum.* Wie bedauerlich wäre es, Nietzsches rauschhafte »Theorie der Liebe«[71] ausgerechnet an dieser Stelle auszuschließen und zu verdrängen. Rhetorisch gedacht ist die Gabe des Körpers die Stimme. Sie ist »das kostbarste und persönlichste, was wir haben« und immer auch ein »Objekt des Begehrens«[72].

---

68 JEAN-LUC NANCY, Nach der Tragödie, Stuttgart 2008, 21.

69 Vgl. GILLES DELEUZE, La Méthode de la Dramatisation, in : L'île déserte et autres textes, textes et entretiens 1953–1974, Paris 2002, 131 und 134.

70 GUY STROUMSA, Das Ende des Opferkults. Die religiösen Mutationen der Spätantike, Berlin 2011, 174.

71 KITTLER, Philosophien (wie Anm. 55), 242.

72 HEINER GOEBBELS, Eigentümliche Stimmen, in ders., Ästhetik der Abwesenheit. Texte zum Theater, Berlin 2012, 74.

Darum ist die Pointe einer Rhetorik als Körpertechnik nach Friedrich Nietzsche folgender Satz aus seinem »Versuch einer Selbstkritik« von 1874: »Sie hätte singen sollen, diese ›neue Seele‹ – und nicht reden!«[73].

---

73 Zitiert nach KITTLER, Philosophien (wie Anm. 55), 235.

Vom Hörensagen

Ihm fehlte der Glaube an eine friedliche Regel der Zeit.
Für Taubes konnte es, wie für Walter Benjamin,
nur einen Ausstieg aus der vermessenen Welt des Menschen geben.
Nur im Erkennen der weltlichen Entfremdung und
»seiner Gehäuse als Verstellungen«
eröffnet sich für ihn die Möglichkeit,
zu einem wirklich neuen, anderen Leben.
Cord Riechelmann

Wo aber die Schriftgelehrten zuschanden werden,
zählt auch das Gesetz, das sie erklären, nicht mehr,
und deshalb sei ein Judentum ohne dieses möglich, ja notwendig,
das nunmehr eines für alle(s) sei – das ist die Wendung des Paulus,
wie Taubes sie erkennen wollte.
Martin Treml

In den Jahren des zweiten Weltkrieges studierte Jacob Taubes, Sohn eines Wiener Rabbiners, in Zürich. Unter anderem studierte er Germanistik, unvermeidlich tat er dies bei Emil Steiger, einem bedeutenden Germanisten, der auch ein bekannter Gräzist war. Eines Tages gingen sie gemeinsam von der Universität in die Stadt. Taubes erzählte seinem Professor, dass er Heideggers »Vom Wesen der Wahrheit« gelesen habe. Worauf Steiger direkt sagte: »Das können Sie nicht verstehen«. Taubes antwortete: »Wieso wissen Sie, dass ich das nicht verstehe«? Worauf ihn Steiger zu sich einlud und mit ihm über Heideggers Buch sprach. Er war erstaunt, dass Taubes doch verstanden hatte und spielte ihm eine Mozart–Sonate. Ein anderes Mal gingen Steiger und Taubes denselben Weg von der Universität. Als sie sich am See trennten, sagte Steiger: »Taubes, wissen Sie, gestern habe ich die Briefe des Apostel Paulus gelesen.« Und er fügte erbittert hinzu: »Das ist doch kein Griechisch, das ist doch Jiddisch!« Worauf Taubes antwortete: »Ja, Herr Professor, darum versteh ich's ja auch!«[74]

Taubes liebte derartige Anekdoten und er hatte viele davon auf Lager. Und er wusste, zugespitzt und der jeweiligen Situation entsprechend zu erzählen. Das brachte ihm nicht nur Lob, sondern so manchen Spott ein (und wohl auch Neid). Außerdem kannte er alles, was Rang und Namen hatte in der Welt der Geisteswissenschaften. Auch das machte ihm nicht nur Freunde, zumal er nicht nur in Berlin, sondern auch in Paris und New York Bescheid wusste, die jüngsten Debatten und Bücher kannte.

Taubes aber kannte nicht nur Leute, Bücher und Debatten. Er brannte darauf, die unterschiedlichsten, ja gegensätzlichste Vertreter ihrer Zunft zusammen zu bringen, sie in Austausch zu verwickeln, gemeinsam in Büchern veröffentlichen zu lassen, zu Kongressen zu laden, auf Lehrstühle zu platzieren. Auch scheute er sich nicht, Gedanken zu denken, die er nur in »widerstrebiger Fügung« zu den Seinen zu denken vermochte. Es spricht viel dafür, dass diese seine bevorzugte Art des Denkens war. Er suchte die Provokation in den Gedanken, den Gegenspieler, die Kontroverse und liebte die Polemik, die Zuspitzung, die leidenschaftliche Übertreibung.

Diese kommunikative Gabe machte Taubes offenbar anfällig für deren böse Schwestern, das Gerücht, die Intrige, den Streit, die Verwerfung. Das machte ihn als Zeitgenossen sicher nicht sonderlich angenehm. Seine Seminare und Vorlesungen hielt er meist ohne Manuskript, und doch hatten sie Kultcharakter, auch oder gerade weil sie die universitäre

---

74 JACOB TAUBES, Die politische Theologie des Paulus, München 2003, 11 f.

Vorlesungskultur nicht immer respektierten. Vorwort und editorische Notizen seiner legendären letzten Paulusvorlesung belegen, wie kompliziert die Arbeit war, aus seinen impulsiven Einlassungen ein Manuskript und Buch herzustellen. Naheliegenderweise gab es auch kaum Bücher von Jacob Taubes (zu seinen Lebzeiten genau genommen eines).

Neben Judaistik war Taubes eben Professor für Hermeneutik. Und das schien er im Sinne einer mündlichen Praxis zu verstehen. Das erkennt man an seinen Schriften, auch den posthum herausgegebenen. Wenn schriftlich, dann ist der Brief sein adäquates Medium. Und auch in den Briefen ist er mündlich. Er denkt, spricht und schreibt fragil, ungesichert, vom Hörensagen. Und hier mag die Biografie von Taubes, seine Erfahrungen als »Erzjude«, wie er sich selber nannte, direkt zu seinem Begriff der Hermeneutik hindurchgeschlagen und in seiner hermeneutischen Praxis sogar das Ruder übernommen zu haben. Das Hörensagen ist das direkte und krasse Gegenteil einer Sprach- und Redepraxis, die einzig und allein auf Gehorsam und Gehorchen abzielt: Befehl, Kennwort, Parole.

»Wörter sind keine Werkzeuge; aber man gibt den Kindern Sprache, Schreibstifte und Hefte, wie man Arbeitern Hacken und Schaufeln gibt. Eine Grammatikregel ist in erster Linie eine Markierung der Macht, und erst dann eine syntaktische Markierung. Der Befehl oder das Kennwort, die Parole, ist nicht von vorherigen Signifikationen abhängig, und auch nicht von vorherigen Organisationen distinktiver Einheiten. Es ist umgekehrt. Die Information ist nur das äußerste Minimum, das für die Ausgabe, Übermittlung und Beachtung von Anordnungen in Form von Befehlen notwendig ist. Man braucht nur soweit informiert zu sein, dass man *Waffe* nicht mit *Waffel* verwechselt [...]. In jedem Befehl – auch in dem eines Vaters an seinen Sohn, ist eine kleine

Todesdrohung enthalten – ein Urteil, wie Kafka sagen würde. Das Schwierige dabei ist, den Stellenwert und die Tragweite des Befehls zu bestimmen. Es geht nicht um einen Ursprung der Sprache, da der Befehl nur eine Sprach-Funktion ist, eine Funktion, die zur Sprache gehört. Wenn die Sprache immer Sprache vorauszusetzen scheint, und wenn man für sie keinen nicht-sprachliche Ausgangspunkt festmachen kann, so liegt das daran, dass die Sprache sich nicht zwischen etwas Geschehenem (oder Gefühltem) und etwas Gesagtem bildet, sondern dass sie immer von einem Sagen zum nächsten geht. So gesehen glauben wir nicht daran, dass eine Erzählung darin besteht, zu kommunizieren, was man gesehen hat, sondern zu übermitteln, was man gehört hat und was einem ein anderer gesagt hat. Vom Hörensagen«[75].

Und man sieht es vor sich als Leser der Briefe von Jacob Taubes, wie er Befehlen ausweicht, sich widersetzt, sich zugleich windet, von hinten herum selbst welche gibt, sie zurück nimmt und dadurch verstärkt, verlockt und verstört, schmeichelt und zurückweist, mit Intimitäten spielt, Perspektiven öffnet, sich andient und sich doch überhöht ...

Einer seiner kritischen Briefpartner ist Hans Blumenberg. Beide schenken einander nichts. Nachdem Taubes, von Blumenbergs Schriften begeistert, ihn bittet, ihm bestimmte Aufsätze zuzusenden und der dem nachkommt mit der Bitte, auch von Taubes Schriftliches zu Lesen geschickt zu bekommen, was immer wieder aufgeschoben wird und sich noch dadurch verschärft, dass Taubes in seinem unsteten Reiseleben Zusendungen verpasst, und erneut darum anhält, was wiederum die Nachfrage retour passieren lässt ... und dazu zeitgleich Schriftliches von anderen Autoren unerbitt-

---

75 Gilles Deleuze/Félix Guattari, Tausend Plateaus. Kapitalismus und Schizophrenie, Berlin 1992, 107.

lich unter die Lupe nimmt ... sich schließlich die Lage zuspitzt und Blumenberg seinerseits Taubes anklagt, er möge doch bitte selbst etwas Satisfaktionsfähiges zu Papier bringen, was den eigenen kritischen Ansprüchen genüge und sich so denen der anderen aussetzen kann. Das schreibt ein Denker, der sein Leben nach dem Rhythmus seines Schreibens richtet und radikal alles dem Erstellen seines Werkes unterordnet; auch darin ein alter Ego von Jacob Taubes.

»Einer, wie gemacht zur Intersubjektivität & dann zur Interdisziplinarität«, »frisch durch seinen Ruf nach Berlin gesalbt«, ist schließlich »in Berlin gestorben, obwohl dort nicht begraben & das lässt den letzten Zweifel zu, ob er ans Ziel seiner nicht kleindimensionierten Erwartungen gekommen war«, schreibt Blumenberg.

Mit diesem »Einen« ist Jacob Taubes gemeint, der erfrischend wirkte mit seiner Prägung durch US-Amerikanische Hermeneutik. Immer war er zu haben für »Apercus aus der weltweiten Übersicht« und für »Nachrichten über allerlei intellektuelle Unruhe & Umtriebe» oder für »noch ungedachte Gedanken und ungeschriebene bzw. sekretierte Bücher«. Und: »Es war nie ganz falsch, einen Autor kennenzulernen, weil JT ihn schon kannte. Es war für keinen ein Nachteil, von JT in eine seiner zahlreichen Verbindungen hineingezogen zu werden, die gelegentlich mit Verlagslebensgefährtenschaften endeten«. Blumenberg verdanke ihm eine solche. »Dennoch kann ich nicht froh auf ein vollendetes Leben zurückblicken«[76].

Trotz allem oder gerade deshalb: An einem Punkte trafen sich beide in der hermeneutischen Welt des Hörensagens: bei Paulus. Wir hören noch Jacob Taubes' jugendlichen Ausruf: »darum versteh ich's ja auch«!

---

76 HANS BLUMENBERG/JACOB TAUBES, Briefwechsel, Berlin 2013, 284.

Hans Blumenberg mochte sich in seiner »Matthäuspassion« dem ausgeschmückten Hörensagen so mancher Apokryphe nicht verschließen und berichtet also davon, dass Paulus weint:

Paulus stieg, von einem Engel begleitet, in die Unterwelt hinab und musste dort bemerken, dass, obwohl alles seufzt und um Erbarmen schreit, sich niemand erbarmt. Das rührt Paulus zu Tränen und der Engel an seiner Seite fragte: »Warum weinst du? Bist du barmherziger als Gott?« Und Paulus wusste nichts zu antworten. Erst später, nachdem der die Qualen der Verdammten in der Unterwelt besichtigt hatte, stellte er »die alles umfassende Frage: Weshalb sind wir geboren worden? Wieder verweist es ihm der Engel: Warum weinst du? Bist du barmherziger als der Herr Gott? Und nochmals etwas später, diesmal sich selbst einbeziehend antwortet Paulus: Besser wäre es für uns, wenn wir nicht geboren wären, wir alle, die wir Sünder sind«[77].

Vom Hörensagen.

---

77 Hans Blumenberg, Matthäuspassion, Frankfurt a. M. 1988, 252 f.

Eine Dialektik des Unähnlichen

Ist Christus ein Mensch oder das Bild eines Menschen?
Ist Christus in der Eucharistie real oder symbolisch?
Ist ein gefilmter Mensch ein realer Mensch
oder schon die Fiktion eines Menschen?

Jean-Luc Godard

In der nördlichen Altstadt von Florenz befindet sich das ehemalige Dominikanerkloster San Marco. Heute ist es ein Museum, doch die berühmten Fresken des Fra Angelico genannten Malermönches bringen einen als Betrachter noch heute auf die Knie. Diese Bilder sind weltberühmt, seien es die Kreuzigungen, die sich wie Serien in verschiedenen Mönchszellen finden, seien es die »Heiligen Frauen am Grab« in Zelle 8,[78] sei es die an Schlichtheit nicht zu überbietende »Verkündigung« in Zelle 3, das »Noli me tangere« in Zelle 1 oder die »Verkündigung« im Nordkorridor.

In einigen Lunetten finden sich weniger bekannte kleinere Bilder, die sich wie grundlegende rhetorische Gesten lesen lassen: Der Heilige Peter von Verona, der den Zeigefinger über die Lippen legt und Schweigen gebietet; der Heilige Thomas von Aquin mit dem zum Betrachter hin geöffneten Buch; Christus als Pilger wird von zwei Dominikanermönchen empfangen; Christus im Grab, aufrecht stehend, zeigt die Wundmale seiner Hände. Rhetorische Grundsituationen, wie man sie besser nicht beschreiben kann.

Im Ostkorridor, unterhalb des »Sacra conversazione« genannten Bildes, das man auch »Die Madonna der Schatten«

---

78 Vgl. BRUNO LATOUR, Jubilieren (wie Anm. 26), Berlin 2011, 151 ff.

nennt, finden sich merkwürdige Farbflächen. Sie fehlen in den meisten Bildbänden und Beschreibungen. Was ist »dieser höchst merkwürdige Teil der ›Madonna der Schatten‹, den die Gelehrten immer übersehen haben, den die Dominikanermönche von San Marco aber sehr wohl gesehen haben müssen, da er etwa 1,50 Meter hoch ist und sich somit für sie quasi in Augenhöhe befand? Es ist eine kunterbunte Fläche, auf der Rot-, Grün- und Gelbtöne dominieren. Sie gliedert sich in vier Teile und wird von einem rotbraunen Streifen in *Trompe-l'oeil*-Manier gemalten Rahmenleisten umrandet, fast als hätte sich zwischen dem oberen ›figurativen‹ Register und dem unteren ›dekorativen‹ die Einschreibungsebene der Farben verändert, vertieft. Doch dem ist nicht so: Fra Angelicos Werk breitet sich auf einer einzigen homogenen Ebene aus. Zwar ist es in seinen Darstellungsmitteln und in seiner Technik gespalten und heterogen, doch bewahrt es sich seine Einheit in der Identität seiner Einschreibungsebene. Und diese Identität der Einschreibungsebene ist für uns eine erste Bestätigung der Hypothese, dass die beiden Register der ›Madonna der Schatten‹ zu ein und derselben figurativen – oder besser gesagt: *figuralen* – Geste gehören, zu einer einzigen *invenzione*«[79].

Warum hatten die Gelehrten den unteren Teil der »Madonna der Schatten« ignoriert? Das lag vor allem daran, dass sie sich einem Figurbegriff verpflichtet fühlten, der sich zeitgleich zu den Werken Fra Angelicos herausgebildet hatte. Battista Alberti, der Kunsttheoretiker der Malerei des Quattrocento, hatte in seinem berühmten Traktat »De pictura« einen Begriff von *figura* entwickelt, der von Ciceros Lehre der *fabula* ausging und sie als eine rhetorische Funk-

---

79 Georges Didi-Huberman, Fra Angelico. Unähnlichkeit und Figuration, München 1995, 31 f.

tion betrachtete. Eine Figur ist »ein Anblick, eine Konfigura-
tion der sichtbaren Welt. Die Bedeutung des Wortes pendelt
künftig zwischen dem geometrischen Vokabular, dem Uni-
versum der klassischen Rhetorik und der Ateliersprache hin
und her«[80]. Damit folgt die Figur einer »Poetik oder Rhetorik
des Wahrscheinlichen« und versteht sie als »Nachahmung
des äußeren Anblickes«[81]. In diesem Sinne waren die farbi-
gen Flächen im unteren Teil der »Madonna der Schatten«
lediglich Dekoration, dekoratives Marmor-Imitat.

Dagegen spricht jedoch schon die Maltechnik, in der die
genannten Flächen ausgeführt sind. Diese kommt eher dem
»Dripping« eines Jackson Pollock gleich als der planmäßi-
gen Herstellung einer »Körnung« des nachgemachten Mar-
mors. Diese Flächen sind nicht in der »marmi finti-Technik«
gemalt.[82]

Beobachtet man nun die mit Farbspritzern besprengten
Flächen und betrachtet mit einem an ihnen geschulten Blick
die anderen Fresken des Fra Angelico, so erkennt man, dass
es auch dort merkwürdige Farbspritzer oder Tupfer gibt. Auf
den ersten Blick würde man sie für Blumen halten, etwa
auf der Wiese des »Noli me tangere«. Aber sie sind eigenartig unausgeführt, was man im Vergleich mit benachbarten
Blumen sehen kann. Sie sind auch Blumen, aber genau diese Flecke sind auch auf den Füßen des Auferstandenen, also
seine Wundmale. Aufmerksam geworden, bemerkt man die
Farbtupfer auch auf den Händen, die die Wiese nicht berühren. Ähnliches findet sich auf der »Verkündigung« im Nordkorridor. Hier korrespondieren die Farbtupfer mit dem Mus-
ter auf den Flügeln des Engels ...

---

80 A. a. O. 50.
81 A. a. O. 51.
82 Vgl. a. a. O. 41.

Ein ganzer Kosmos von Merkwürdigkeiten, Zeichen, Verweisen, Bedeutungen öffnet sich vor den Augen des Betrachters. Diese Figuren müssen etwas anderes meinen als die malerische Nachahmung der äußeren Welt. »Was also ist eine *figura* in diesem spezifischen Sinn – weit entfernt von Albertis Sprachgebrauch –, dem einzigen, der in den Augen eines Dominikaners oder eines neo-scholastischen Exegeten des fünfzehnten Jahrhunderts zu gelten vermochte?

Was ist eine *figura*, wenn der Apostel Paulus von einigen biblischen Geschehnissen schreibt, sie hätten *in figura* stattgefunden? Ebensowenig wie die *imago* ist die *figura* eine Sache: sie ist eine Beziehung, genauer gesagt eine zeitliche Beziehung. Sie ist eine Erinnerung an die Vergangenheit, die sich auf die Zukunft richtet. Damit beschreibt *figura* eines der Grundelemente des Christentums, nämlich die Übernahme der hebräischen Bibel und die Überzeugung, dass der Neue Bund im Alten Bund nicht nur ›vollendet‹, sondern schon in ihm enthalten sei, in ihm ›figuriert‹ oder präfiguriert«[83].

Die Figuren des Fra Angelico sind eher Nachahmungen einer exegetischen und somit theologischen Welt im Malerischen. »Für die gedachte Anschauung bedeutet ein auf Erden geschehener Vorgang unbeschadet seiner konkreten Wirklichkeitskraft hier und jetzt nicht nur sich selbst, sondern zugleich auch einen anderen, den er vorankündigt oder bestätigend wiederholt; und der Zusammenhang zwischen den Vorgängen wird nicht vorwiegend als zeitliche oder kausale Entwicklung angesehen, sondern als Einheit innerhalb des göttlichen Planes, dessen Glieder und Spiegelungen alle Vorgänge sind; ihre unmittelbare irdische Verbindung untereinander ist von geringerer Bedeutung und die

---

83 Georges Didi-Huberman, Phasmes, Köln 2001, 165.

Kenntnis derselben ist für die Interpretation zuweilen ganz entbehrlich«[84].

Für die Blumenflecken im Fresco »Noli me tangere« hieße das ungefähr folgendes: Die mit den gleichen Farbpigmenten gemalten roten Tupfer können sowohl Blumen als auch Wundmale sein. Die Wundmale sind als »Blumen des Leibes« dargestellt. Oder man kann sagen, dass hier der Auferstandene »seine Stigmata im Garten der irdischen Welt aussät«. Die Blumenflecken kommen sogar siebenmal jeweils in Fünfergruppen im Bild vor, also entsprechend der Zahl der Wundmale Christi. »Und ihre Art, etwas zu bedeuten – irgendwo zwischen der Blume und dem Wundmal, d. h. also vor allem durch die Herstellung einer gedanklichen Beziehung – hat nichts mehr mit der Art zu tun, wie sie die Geschichte und ihre leicht erkennbare Bedeutung liefert«[85].

Was bedeuten diese *figurae* nun aber für die vier Farbflächen?

Als *figurae* verschieben die Farbflecken auf dem Fresco »Noli me tangere« ihren Sinn: Der ist nicht in einem Fleck allein enthalten, sondern ist in Bewegung. Ihr Sinn löst sich zwar nicht in der Art einer Abstraktion von seiner konkreten Figuration ab – das wäre eine bloße Illustration. Er bleibt aber doch im Bereich des Ähnlichen. Die Farbtupfen sind den Blumen bzw. den Wundmalen in unserem Beispiel ähnlich. Darin besteht der entscheidende Unterschied zum unteren Teil der Wandmalerei »Die Madonna der Schatten«.

Unähnlichkeit, *dissimilitudo*, hatte im mittelalterlichen Denken eine negative Konnotation und stand für Sünde und Unreinheit. Über eine genaue Ortsbeschreibung, der

84 ERICH AUERBACH, Mimesis. Dargestellt Wirklichkeit in der abendländischen Literatur, Bern 1982, 516.
85 GEORGES DIDI-HUBERMAN, Fra Angelico (wie Anm. 79), 25.

regio dissimilitudinis, dem Land der Unähnlichkeit, kommt diese negative Bestimmung in Bewegung. Platon, auf dessen »Politikos« diese Ortsbeschreibung zurückgeht, meinte damit den Ort, an dem man sich selbst unähnlich ist. In christlicher Interpretation über Plotin zu Augustin wird daraus die Unähnlichkeit mit Gott. »Und ich fand mich weit von Dir im Land der Unähnlichkeit«, schreibt Augustin in seinen Bekenntnissen.[86]

Unähnlichkeit ist der »Name für ein Land, in dem Gott nicht gesehen werden kann. Dieses Land aber ist das unsere: Es definiert nicht mehr und nicht weniger als unser gemeinsames Schicksal gefallener und geblendeter Wesen. Es fordert daher ein Nachdenken über den Ursprung unseres gemeinsamen Schicksals, und dieser Ursprung ist der Sündenfall Adams. Bevor er sündigte, war Adam *imago Dei*: Er schaute Gott von Angesicht zu Angesicht und im Sinne einer Ähnlichkeitsbeziehung, die auf Gehorsam und Nachahmung basierte. Eine gewissermaßen mittlere Ähnlichkeit, die zwar kleiner war als jene, die Hugo von St.-Victor die ›Ähnlichkeit der Gleichheit‹ nannte – und die die besondere Beziehung Jesu Christi zu seinem göttlichen Vater definierte –, aber natürlich größer als jede ›Ähnlichkeit der Gegensätzlichkeit‹, durch die – vom Schauspieler oder Antichrist etwa – bloße Trugbilder erzeugt werden«[87].

Ist die Ähnlichkeit derart zerbrochen, bleiben ihre Bruchteile doch »Träger einer ›nicht spezifischen‹ Ähnlichkeit.« Thomas von Aquin nennt diese Bruchteile *vestigia*, was gleichzeitig »Zerstörung und Fortdauer« meint: *vestigia* sind die Trümmer – die Überreste –, *vestigia* sind aber auch

---

86 Vgl. a. a. O. 52.
87 A. a. O. 53.

die Spuren – die Fußabdrücke im Boden, die materiell von einem Vorübergehen oder einer Präsenz zeugen«[88].

Als Dominikaner wusste Fra Angelico, dass es ihn »ins Land der Unähnlichkeit verschlagen hatte«. Er malte spurenhaft. Die vier Farbflächen im unteren Teil der »Madonna der Schatten« sind in dieser Hinsicht ein »Gipfelpunkt«. »Sie sind und wollen nichts anderes sein als nur Spuren, ›extensive und diffuse‹ Farbspuren. Sie wenden sich vom Anblick ab, um besser auf das Bild zu zielen«[89]. »Dieser Regen kunterbunter Flecken, der an Marmor erinnert [...] – dieser Regen ist eine Figur. Im thomistischen Vokabular könnte man sagen, dass er vor allem seine Spurnatur hervorkehrt, *per modum vestigii* operiert: Der Regen hat Bruchstückcharakter, ist eine Dissemination oder Zertrümmerung des Anblicks; dies aber deshalb, weil er über jeden Anblick, jede Geschichte hinaus zielt, er zielt auf ein unsichtbares Bild«.

Dieser Materie-Regen ist »eine unähnliche Figur«[90]. Im Zusammenhang des Begriffes der *figura* bedeutet die unähnliche Figur das Moment der Negation, das in das zeitliche Zusammenspiel von *figurare* und *praefigurare* ein *defigurare* einführt. Die drei Momente der Dialektik des Unähnlichen bilden das »operative«, also wirksame, und das »differentielle«[91], also Differenzen hervorbringende, Wesen der *figura*. »Dieses rein operatorische Wesen der Figur erklärt, warum es so schwierig, ja unmöglich ist, sie als ein Ding oder eine einfache Beziehung zu definieren: Die Figur befindet sich immer zwischen zwei Dingen, zwei Welten, zwei Zeiten, zwei Weisen des Bedeutens. Sie liegt zwischen der Erscheinung und der Wahrheit: Denn einerseits ist sie der Sache

---

88 A. a. O. 54.
89 Ebd.
90 A. a. O. 59.
91 A. a. O. 62.

selbst und der *veritas* entgegengesetzt, andererseits deutet sie auf eine ›noch höhere Wahrheit‹ hin, auf eine Wahrheit, die ›die Fülle der Zeiten‹ betrifft. Sie liegt zwischen der sinnlichen Gestalt und ihrem Gegenteil, der idealen Gestalt oder der Idee; ja zwischen der Gestalt und dem Gestaltlosen [...]. Sie bringt entweder defigurierte oder praefigurierte Wahrheiten hervor oder auch beide zumal. Sie schwankt ständig zwischen einer unähnlichen Gegenwart und einer ähnlichen Zukunft: Denn sie gleicht nur dem, was es nicht gibt, aber einst geben wird. So zeigt sie uns ›den Schatten der künftigen Dinge‹; und so begründet sie – über ihren wesentlichen Analogismus – die Zeit im christlichen Sinne. Sie erlaubt es, eine Brücke zwischen Anfang und Ende zu schlagen, zwischen Ursprüngen und letzten Zielen, *in figura*, das heißt zum einen ›bezogen auf Christus‹, es heißt aber auch ›bezogen auf unsere eigene Heilserwartung‹«[92].

Aus dieser skizzierten Dialektik der Unähnlichkeit eine Rhetorik als *figura* zu entwickeln, rückt sie in die Nähe der Homiletik. Ihr »verkannter Vorläufer« (Gilles Deleuze) wäre die Verkündigung. Die auf dem Nordkorridor von San Marco gemalte trägt alle Spuren einer figurativen Rhetorik in sich.

Was in der Verkündigung gesagt wird, »stand bereits geschrieben«, bevor es in der Situation der Verkündigung Mariens wiederholt wurde. Die Verkündigung gibt eine alte Prophezeiung des Jesaja wieder. »Wenn aber das Wort des Engelsgespräches im Grunde ein Zitat ist, bedeutet das, dass das Subjekt der Äußerung sich nicht auf die Person reduziert, die dieses Wort in der Geschichte ausspricht: Das Subjekt ist eher ein vielfach gebrochenes, das von der Person der Geschichte zum heiligen Text wandert, vom Text zur Stimme eines Propheten und von der Stimme des Prophe-

---

92 A. a. O. 63.

ten zum Logos Gottes, der dem Propheten das Wort eingab. Als *Verbum Dei* wird also das Wort des Engels – des von Gott gesandten Boten – zu allen Zeiten ausgesprochen gewesen sein. Dies bestätigt auch seine Präsentation im Verkündigungsbericht: *ecce*, ein Wort im Präsens (›siehe‹), wird darin kurzgeschlossen mit der Futurform *concipies* (›du wirst schwanger werden‹). Die Gegenwart wird an die Zukunft gebunden, an eine Zukunft indes, die in Form einer Prophezeiung bereits in einer fernen Vergangenheit ausgesprochen und niedergeschrieben worden war. Doch damit nicht genug: Das Futurum ist zugleich ein Quasi-Performativ, das *concipies* wird ausgesprochen, um in der Gegenwart eine Wirkung zu zeitigen. Denn ein fast unmittelbares Echo – das *ecce* der Jungfrau – wird genügen, damit sogleich der Leib Christi im Schoß Marias empfangen wird«[93].

Unversehens driftet die Erfahrung des Sehens in die der Lektüre, die unablässig zwischen Figurieren und Praefigurieren hin und her schwankt.[94] Bleibt die Frage nach dem Defigurieren, als dem irritierenden Blick oder der befremdlichen Lesart aus der Erfahrung der Unähnlichkeit.

An dieser Stelle findet sich figurative Rhetorik direkt in der Homiletik wieder, und zwar in Form der »nichtreligiösen Interpretation«, von der Dietrich Bonhoeffer in seinen Aufzeichnungen aus der Haft (»Widerstand und Ergebung«) an einschlägigen Stellen sprach. Nichtreligiöse Interpretation ist demzufolge die Rede von Gott im Modus des *defigurare*, der Unähnlichkeit. Das Verhältnis von nichtreligiöser Interpretation zu Bonhoeffers Spannungsbegriff »Arkandisziplin« ist als ein dialektisches zu beschreiben. Hierzu müsste man Arkandisziplin in zwei Aspekte teilen: *figurare* und

---

93 A. a. O. 121.
94 Vgl. a. a. O. 128 f. und 159 f.

praefigurare mit ihren mehrfach bezeichneten Zeitbezügen, die wiederum ihren jeweiligen Sinn in Bewegung setzen. Sieht man nun diese rhetorisch-homiletischen Relationen der Arkandisziplin durchkreuzt vom *defigurare* einer nicht-religiösen Interpretation, dann entdeckt man eine aktuelle Dialektik des Unähnlichen, die noch darauf wartet, ihre rhetorischen und homiletischen Funken zu schlagen.

P. S.   Aus purem Vergnügen sei es gestattet, die rhetorische Dynamik der *figura* zum einen in den liturgischen Bereich auszudehnen und zum anderen in den sozialen.

Zum einen: »Was ist eine Hostie? Eine Hostie ist zugleich Zeichen und Präsenz des Leibes Christi. Und doch ist eine Hostie nur eine weiße Fläche ohne ›Figur‹, d.h. ohne irgendeine Ähnlichkeit mit dem, dessen Zeichen und Präsenz sie ist. So als erfordere das Element der Präsenz in gewisser Weise die Nicht-Ähnlichkeit von Zeichen und Referent. Gleichwohl steht das Wort *figura* im Zentrum dieser Dialektik. *Figura* nimmt einen ganz wesentlichen Platz in der Geschichte der Eucharistieformeln ein, und das schon in den ersten Jahrhunderten des Christentums, bei Tertullian zum Beispiel. Im Mittelalter dann wird die Eucharistie ausdrücklich als das bezeichnet, was in der rituellen Feier das Wunder einer Verbindung von *figura* und *res* bzw. *figura* und *veritas* vollbringt. Eine geweihte Hostie ist also sehr wohl *figura Christi*, doch im extremen Sinn einer ›Präsenz-Figur‹: Sie ist ein lebendiges und wirksames Zeichen, nur dass die Figur keineswegs in dem Sinne ›figurativ‹ ist, wie es der Kunstliebhaber versteht. Figur ist sie gerade aufgrund der Tatsache, dass sie keine ›Aspekt‹-Ähnlichkeit aufweist, nichts Bekanntem ähnlich sieht: Eine bemerkenswerte Art, ein anders figuratives Problem zu lösen, das aber natürlich mit dem der Inkarnation zusammenhängt, das Paradox der Transsubstantiation«[95].

Wäre es sinnvoll, in ökumenischer Perspektive, diese sakramental-dialektische *figura* im Sinne der biblischen *transfiguratio* zu verstehen und auszuarbeiten? Dies ermöglichte zudem, orthodoxe Aspekte der Verklärung in die Diskussion einzuspielen. Vorerst mag mit folgendem Zitat der spirituelle Boden einer solchen Diskussion im figurierend-defigurierend-praefigurierend dynamischen Sinne bereitet werden: »Die vom Leide und dem Kreuz Christi gezeichnet sind, werden eines Tages von dem Feuer brennen, das sich aus ihrer Vergangenheit nährt. Dann werden sie wissen: Nichts ist ohne Grund, nichts ist verloren in Gott. Das Licht Christi verklärt selbst die Schatten in uns. Und doch sind sie da, die Schatten; manchmal kommen wir mit ihnen nicht zurecht. Da geschieht es, dass langsam das Leben Christi in uns zu wirken beginnt und so all das, was dunkel war, trübe, undurchsichtig und beunruhigend, schließlich ruhig und klar und von Gott aufgenommen wird. Nichts ist verloren auf dieser Erde, weil Gott stark genug ist, um uns alles wiederzugeben, verwandelt, neu belebt, verklärt durch ihn. Dazu müssen wir freilich gewillt sein, uns zum Licht zu wenden«[96].

Zum anderen:

Im Schauspiel, in der Oper und auch im Kino gibt es Menschen, die meist in Gruppen auftreten. Oft bilden sie eine Art menschlicher Dekoration oder menschlicher Requisite: Sie tragen Kostüme und Masken. Sie haben eine eigenartige Aufgabe. Sie müssen da sein, sollen aber nichts darstellen. Darstellen ist Aufgabe der »Stars«, sie »vergleicht man mit

---

95 A. a. O. 44.

96 Frère Roger in seinem Tagebuch, Jeden Augenblick neu, Freiburg im Breisgau 1987, 31.

den Sternen, diesen isolierten Leuchtpunkten im Himmel, die noch heute die Namen antiker Götter tragen«[97]. Für diese Sterne bilden diese Leute, die man Statisten oder »*extras*« oder auch Komparsen nennt, den dunklen Hintergrund, eine Masse. Obwohl sie als Menschen Gesichter, Körper und Gesten haben, sind sie als Statisten ihrer Gesichter, Gesten und Körper beraubt. Selten haben sie etwas zu sagen, selten tauchen ihre Namen in den Programmen auf und im Abspann verschwinden sie so schnell, dass man die Namen nicht lesen kann. Diese Menschen ohne Namen, die Statisten, heißen in Französischer Sprache *figurants*, Figuranten. Es gibt diese Figuranten in unserer alltäglichen Welt, sie stehen in U-Bahn-Aufgängen, hängen an Bahnhöfen herum und fragen meistens nach ein paar Cents. In anderen Gegenden der Welt suchen sie sich Höhlen und Nahrung auf Müllhalden, diese Menschen ohne Namen.[98] Eine Rhetorik der *figura* beginnt beim: Guten Tag! oder: Tut mir leid! und dem dazugehörenden Blick in die Augen eines *figurant*, auch dann, wenn man nichts gibt.

---

97 Georges Didi-Huberman, Peuples exposés, Peuples figurants. L'Oeil de l'Histoire 4, Paris 2012, 149.

98 Vgl. a. a. O. 235–257.

THEMA

Praktische Rhetorik II

Eine Rede hat keine andere Sprache als die des Redners oder der Rednerin. Oftmals ist diese Sprache zugleich verstellt von anderen Sprachen: von Herrschaftsdiskursen, großen Worten und Moralbelehrung. Dann findet eine Rede gar nicht statt. Die Rede, die hätte gehalten werden können, bleibt unausgesprochen. An ihrer Stelle werden Wortstellwände hin- und hergeschoben.

Häufig folgen derartige Stellwandreden Codierungen, die Herrschaftsdiskurse, große Begriffe, intellektuelle Komplexität und belehrende Moral nicht einmal sind, sondern repräsentieren. Sie gehorchen den Codierungen einer sogenannten »großen Sprache«, einer *langue majeur*. Sie setzt Herrschafts- und Rechtsverhältnisse voraus, sie entspricht einem Standart, einem konstanten und homogenen System. Sie ist Kader- oder Funktionärssprache.

Das Gegenteil nannte Gilles Deleuze eine »kleine Sprache«, *eine langue mineur*. Er bezog sich damit weniger auf den Zustand einer zahlenmäßigen Minderheit, selbst wenn sie mit ihr übereinstimmen kann. Deleuze betonte das Werden von Sprache.

Dieses Werden hat er mit drei Merkmalen gekennzeichnet: Zuerst ist eine *langue mineur* affiziert von einer »Deterritorialisierung«. Das heißt, sie bleibt nicht an ein Territorium, eine Herkunft, eine Tradition gebunden, sondern riskiert es, diese zu verlassen, ein Außerhalb zur Sprache zu bringen, ein ungesichertes Gebiet zu experimentieren, sich einer »Unmöglichkeit« zu stellen.[99] Dann sucht eine *langue mineur* die Verbindung zur Politik. Das Individuelle wird mit dem Politischen verbunden und politische Konflikte bzw. Herrschaftsverhältnisse werden diskutabel.[100] Das dritte Merkmal einer *langue mineur* besteht in ihrer Relation zum Kollektiv, »alles nimmt kollektive Werte an«. Das heißt, diese Sprache »produziert eine aktive Solidarität«[101]. Sie wird zum Ausdruck einer wenn auch fragilen Suche nach einer Gemeinschaft, selbst oder gerade wenn der Sprecher sich abseits von Gemeinschaft befindet. Eine solche Gemeinschaft muss erst gefunden werden, sie kann nur im Werden sein; als Zustand betrachtet, ist sie eine fehlende Gemeinschaft.

In der Mitte dieser drei Merkmale einer »kleinen Sprache«, deren Verhältnis als in Bewegung gedacht werden muss, steht die Deterritorialisierung. Denn jegliche Sprache »impliziert immer eine Deterritorialisierung des Mundes, der Zunge und der Zähne. Der Mund, die Zunge und die Zähne finden ihre ursprüngliche Territorialität in den Nahrungsmitteln. Indem sie sich der Artikulation von Tönen widmen, deterritorialisieren sich der Mund, die Zunge und die Zähne. Es gibt also eine gewisse Unterbrechung zwischen Essen und Sprechen – und mehr noch, entgegen allem Anschein, zwischen Essen und Schreiben: ohne Zweifel kann man schreiben, während man isst, aber die Schrift transformiert dennoch die Worte in Dinge, die in der Lage sind, mit den Nahrungsmitteln zu rivalisieren. Unterbrechung zwischen

---

99   Vgl. Gilles Deleuze/Felix Guattari, Kafka. Pour une littérature mineure, Paris 1975, 29.
100 Vgl. a. a. O. 30 f.
101 A. a. O. 31.

116

Inhalt und Ausdruck«. In diesem Sinne kann man sagen: »Sprechen [...] ist Fasten«[102].

Verlässt Sprache ihre gerade erworbene Territorialität erneut, begibt sie sich an die Ränder des Schweigens, dahin, wo etwas wert wird, ausgesprochen zu werden. So setzt sich Sprache Erfahrungen aus – und zwar Erfahrungen, die sie wiederum unterbrechen und sie in der Folge als Sprache selbst transformieren.

Im Stilmittel der freien indirekten Rede wird ein derartiges sprachliches Werden erfahrbar. »Freie indirekte Rede« wird auch »erlebte Rede« genannt und steht als solche zwischen der »direkten Rede« (sie fragte sich: ›Muss ich wirklich gehen?‹) und der »indirekten Rede« (sie fragte sich, ob sie wirklich gehen müsse): »Musste sie wirklich gehen?«

In der freien indirekten Rede »gilt nicht die Perspektive eines allwissenden Erzählers, [...] vielmehr verschmelzen Erzählerstimme und Figurenstimme. Dabei bleibt die erlebte Rede meistens im ›Jetzt‹ der Figur, Rückblenden und Vorausblenden werden als Gedankengänge der Figur eingebaut und bleiben bezogen auf das aktuelle Geschehen. Die erlebte Rede erzeugt damit den Eindruck von Unmittelbarkeit, wenngleich die Verwendung der dritten Person Singular« eher an einen Bericht denken lässt.[103]

Bei der freien indirekten Rede handelt es sich »nicht bloß um eine Vermischung zweier getrennter Äußerungssubjekte [Erzähler und Figur], von denen das eine berichtet, während über das andere berichtet wird. Es handelt sich vielmehr um eine Anordnung von Äußerungen, die gleichzeitig zwei nicht voneinander zu trennende Subjektivierungsakte ausführt:

---

102 A. a. O. 35.

103 ‹http://de.wikipedia.org/wiki/Erlebte_Rede›; zuletzt abgerufen am 17.03.
    2014.

der eine konstituiert eine Person, in der ersten Person, während der andere ihrer Entstehung beiwohnt und sie in Szene setzt. Was hier vorliegt, ist nicht etwa eine Mischung oder ein Mittleres zwischen den beiden Subjekten, von denen jedes einem System angehört, sondern eine Differenzierung von zwei korrelativen Subjekten in einem seinerseits heterogenen System«[104].

Keines der beiden Subjekte agiert ohne das andere, beständig oszilliert die Sprache zwischen ihnen hin und her und wechselt ihre Territorien. Die freie indirekte Rede ist »ein Kernstück oraler Kulturen: man berichtet über dieses und jenes und vor allem, was dieser oder jene über dieses oder jenes gesagt habe«. Freie indirekte Rede agiert als »Aufmerksamkeit im Konkreten«. Sie zeigt »einen Rest« oder eine »Differenz« von bzw. zu etwas, was »nicht aufgeht in ›Sinn‹ oder ›Ordnung‹, sondern als Störung der geplanten Ordnung andere Wendungen ermöglicht«[105].

Rednerinnen und Redner finden zu ihrer Sprache, wenn sie sich dem Werden von Sprache und ihren Wanderungen anvertrauen, wenn sie das Risiko eingehen, sich auf kleine Sprachen einzulassen, wenn sie ihre jeweils sprechenden Subjekte in Kontakt halten, genau beobachten und ihrem Erleben auf der Spur bleiben. Ein solch flüssiger Umgang mit Sprache ist zugleich ein Erfinden von Sprache in der Sprache und aus ihr heraus. Bruno Latour nannte diesen Modus des Erfindens *invention fidèle* und suchte damit beharrlich »den Punkt, an dem sich im Umgang mit den versteinerten kirchlichen Sprachspielen die Chance auftut, das evangelische Plasma anders zu formen«[106].

---

104 GILLES DELEUZE, Das Bewegungs-Bild. Kino I, Frankfurt a. M. ²1989, 105.

105 HANS ULRICH RECK, Pier Paolo Pasolini, München 2010, 62 f.

106 PETER SLOTERDIJK, Zeilen und Tage. Notizen 2008–2011, Berlin 2012, 76.

Ein Plasma ist jener Zwischenraum, der »noch nicht formatiert, noch nicht gemessen, noch nicht sozialisiert« ist, alles, was »noch nicht in metrologischen Netzen zirkuliert, noch nicht registriert, überwacht, mobilisiert oder subjektiviert ist«; ein »undifferenziertes und amorphes Fließen«[107] umgibt Zustände, Strukturen, Codierungen aller Art und gefährdet sie durch Bewegung, Umformung.

Für das anders zu formende evangelische Plasma könnte das zweierlei heißen: Es gab eine ,plasmatische Zeit' des Christentums. Sie lässt sich in dem Zwischenraum ausmachen, der vom Kreuzestod Christi und dem Erscheinen der ältesten schriftlichen Quellen markiert ist. Diese Zeit dauerte ungefähr dreißig Jahre. Historische und philologische Forschung kommen nicht dichter heran an das Plasma des Christentums. Beim Entziffern der Text- und Überlieferungsbildungen gilt es seither, aufmerksamer denn je den Spuren dieses Plasmas zu folgen.

Zum anderen scheint sich in der Geste des Machtverzichtes von Papst Benedikt XVI. ein plasmatischer Akt, ein Akt erneuter Verflüssigung zu verbergen: das Ende der konstantinischen Konstruktion von Christentum als Herrschaft, sei es in seiner imperialen, nationalen oder landesfürstlichen Ausprägung.

Entgegen vieler Statistiken und Verlautbarungen steht das Christentum womöglich nicht vor seinem Ende, sondern vor Umformungen, die denen von 313 bzw. 380 in nichts nachstehen. Alte Fragen stellen sich schon heute neu: »Was trennt den Jesus der Geschichte von dem, der er als Figur des Jesus Christus in der christlichen Tradition geworden ist? Ist sein gekreuzigter Körper der eines Gottes? Der eines Men-

---

107 SCHMIDGEN, Latour (wie Anm. 42), 173.

schen? Oder ist es der Körper eines Textes?«[108]. Noch ist nicht abzusehen, in welcher Art zu sprechen sie beantwortet werden.

Die Legende erzählt, dass Franz von Assisi den Vögeln predigte. Über die Wirkung seiner Predigt kann man nur mutmaßen. Am wahrscheinlichsten ist die, dass die Vögel taten, was sie immer tun: singen. In der filmischen Variante von Pier Paolo Pasolini »Große Vögel, kleine Vögel« von 1966 hat sie das jedoch nicht davon abgehalten, sich artgerecht mit Nahrung zu versorgen. Beispielgebend sind die Anstrengungen des filmischen Franziskus, der seine eigene Sprache in die Sprache der Vögel umformt.

---

108 JÉRÔME PRIEUR/GÉRARD MORDILLAT, Corpus Christi, Paris 2004, Note d'intention.

HYPOTHESE

☩

elocutio

Jeder Arbeiter bereitet seinen Arbeitsplatz vor. Kein Handwerker würde zu arbeiten beginnen, ohne seine Maschinen eingerichtet zu haben. Jede Schauspielerin geht vor der Vorstellung die Bühne ab und kontrolliert ihre Requisiten, Umzüge und Auftritte. Auch das Rednerpult oder die Kanzel ist ein Arbeitsplatz. Wie komme ich dahin? Gibt es Treppen, vielleicht historische, ungleichmäßig gebaute? Wann muss wo ein Lichtschalter bedient werden? Wo und wie liegt dort das Manuskript? Wie ist es mit der Höhe des Pultes? Wo und wie funktioniert die Technik, die benutzt werden soll? Sind diese Dinge nicht vorbereitet, wenigstens in Augenschein genommen, wird der Körper davon berichten und ausdrücken, dass er sich nicht wohl fühlt am Ort der Rede, lieber weg möchte von dort. Ähnlich verhält es sich mit den letzten Minuten der Vorbereitung oder Konzentration. Meist hilft es nicht, bis zum letzten Moment vor einer Rede mit Leuten über das Wetter zu reden. Wie immer diese letzte Konzentration gestaltet wird, es sollte bewusst und selbstbestimmt geschehen.

* * *

Der Scenopoeietes dentirostris, *ein Vogel aus den Regenwäldern Australiens, lässt die Blätter, die er jeden Morgen vom Baum abtrennt, zu Boden fallen, dreht sie so um, dass ihre hellere Innenseite mit dem Boden kontrastiert, konstruiert sich auf diese Weise eine Szene wie ein Ready-made, und lässt*

dann genau darüber, auf einer Liane oder einem Ast sitzend,
seinen Gesang erschallen, einen komplexen Gesang aus eige-
nen Tönen und denen anderer Vögel, die er in den Intervallen
nachahmt, während er zugleich die gelbe Wurzel von Federn
unter seinem Schnabel freilegt: ein vollkommener Künstler.
(Gilles Deleuze/Félix Guattari, Was ist Philosophie?)

* * *

Sprechen kann eine lustvolle Tätigkeit sein. Vokale klingen, Konsonanten schmecken. Wörter haben einen Anfang und ein Ende, eine Schlusssilbe. Die Arbeit am Sprechen dient nicht nur der Verständlichkeit. Dazu helfen heute oftmals Mikrophone, die es zudem ermöglichen, persönlicher zu sprechen und nicht rufen zu müssen. Doch Mikrophone ersetzen das artikulierte Sprechen nicht. Das Artikulieren ist eine sportliche Ebene des Sprechens, viele Muskeln sind daran beteiligt. Es lohnt sich, sie zu trainieren. Nicht übertrieben, aber genau. Trainiert kann man sich dem Fluss der Sprache anvertrauen. Das hilft, etwa manierierte Betonungen von Schlusssilben zu vermeiden – sie sind nur das Gegenteil der Gewohnheit, Schlusssilben zu verschlucken, nicht die Alternative. Auch regionale Sprachfärbungen haben ihren Charme, wenn sie ein wenig gestaltet sind, der öffentlichen Situation einer Rede entsprechend.

* * *

Beim Sprechen werden unterschiedliche Arten von Pausen gemacht. Pausen sind ein wichtiges Gestaltungsmittel einer Rede. Sie ermöglichen den Zuhörenden, eigene Erfahrungen und Gedanken in den Gang der Rede einzuspielen. Auf diese Weise werden die Zuhörenden als Souveräne ihrer Erfahrungen und Gedanken ernst genommen. Der Redende traut ihnen etwas zu.

* * *

Der Zuschauer respektive Zuhörer muss nicht aufgerüttelt und aus seiner angeblichen Passivität befreit werden, denn die Wirkung der Kunst bzw. Rede beruht gerade auf ihrer Distanz und der in ihr erzeugten Differenz. Sehen respektive Hören sind aktive Handlungen.

Das Trennende zwischen Kunstwerk und Betrachter – Redner und Hörer – soll nicht überwunden, sondern stabilisiert werden. Emanzipation des Zuschauers/Zuhörers geschieht also nicht durch didaktische Aufklärung oder das Abbilden von Missständen, sondern durch die Herstellung von Dissens. Also die Erzeugung von Brüchen und Differenz, deren Wirkung nicht bereits durch die Autorität des Künstlers (Redners) oder dessen Botschaft kanalisiert wird. (Nach Jacques Rancière, Der emanzipierte Zuschauer)

* * *

Pausen werden aber auch an Stellen gemacht, die weder grammatisch noch inhaltlich Sinn ergeben. Sie sollen Kompetenz und Professionalität erzeugen und wirken gekünstelt. Solche Pausen sind Sinnhuberpausen. Sie pumpen künstlich Sinn in die Rede und sollen nebenbei den Zuhörenden zeigen, wie dumm sie eigentlich sind, bzw. für wie großartig sich der oder die Redende hält. Derartige falsche Kunstpausen sollten konsequent vermieden werden, auch wenn man sie gelegentlich im Radio oder Fernsehen hört.

* * *

In den Bereich des Respekts vor dem Hörer als Souverän seiner spirituellen Erfahrung gehören allermeist erklärende Übergänge zwischen unterschiedlichen Redeteilen, der Gedanke des Abholens der Zuhörenden aus ihren vermeintlichen Situationen sowie moderierende Redeabschnitte. Selbst wenn Übergänge, Abholungen und Moderationen in den besten Absichten verwendet werden, so wirken sei doch bevormundend. Zudem verhindern sie eigene Erfahrungen oder zumindest das Andocken eigener Erfahrungen der Zuhörenden an die Rede.

* * *

Im Bereich des inneren Lebens gibt es keine Privilegien. Wer immer wir auch seien, wir sind stets darauf verwiesen, jeden Tag neu zu beginnen, jeden Morgen das Kreuz wie auch das Fest tief in uns wiederzufinden. (Frère Roger, Ein Fest ohne Ende)

* * *

Eine andere Art von Pausen entsteht, wenn der oder dem Redenden die Redegattung unklar ist. Eine Rede wird mit einer Meditation verwechselt: Nach jedem Satz wird eine Pause gemacht, zu kurz, um wirklich ein Bild oder einen Gedanken im Kopf der Hörenden entstehen zu lassen, aber zu lang, um den Redefluss zu halten. Hinzu kommt häufig eine singsanghafte Stimmführung, die einschläfernd wirkt, obwohl sie Vertrauen schaffen soll. Reden oder auch Redeteile klar zu unterscheiden und die verschiedenen Gattungen in der Art des Sprechens klar voneinander zu trennen, ist der Weg.

* * *

Der häufige Gebrauch von Konjunktiven und anderen Möglichkeitsformen deutet darauf hin, dass der Redner bzw. die Rednerin sich und ihren Gedanken nichts zutraut. In Predigten zeigen sie häufig eine Verwechslung der Redegattungen zwischen Predigt und Gebet an. Was im Konjunktiv behauptet wird, kann oft im Indikativ gebetet werden. Ein Gebet hat einen anderen Ort als eine Predigt oder eine Rede. Eine klare Unterscheidung der Sprechakte entlastet und stärkt sie wechselseitig.

* * *

Straßen, die sich durch Häuser ziehen. (Walter Benjamin, Passagen-Werk)

* * *

In einer Rede können unterschiedliche Geschwindigkeiten und Lautstärken des Sprechens praktiziert werden. Ein dramatischer Redeteil kann lauter und schneller gesprochen werden als ein meditativer. Es erfrischt Redende und Hörende, wenn die Gestaltungsmöglichkeiten spielerisch genutzt werden. Redende können durch Ausprobieren herausfinden, was zum entsprechenden Redeteil passt, was aber auch zur redenden Person und was zu welchem Anlass.

* * *

Einen Text als Landschaft nehmen und ihn nicht oberflächlich wie ein Tourist mal eben durchqueren oder – um im Bild zu bleiben – ihn aus dem fahrenden Wagen ‚mitnehmen‘, sondern ihn wie auf einer Expedition in allen seinen Facetten kennenlernen. [...] Das Hören als einen Vorgang begreifen, der

127

etwas von der Schriftlichkeit der Texte transparent macht und mit dem Lesen vergleichbar wird: vor- und zurückgehen, plötzlich sich verlesen, über den Irrtum begreifen, Worte in anderen Worten auffinden – darum geht es. (Heiner Goebbels, Komposition als Inszenierung)

* * *

Eine Rede in ihre Bausteine zu zerlegen (sie müssen nicht unbedingt den geschriebenen Absätzen entsprechen), sich für jeden Baustein eine Überschrift zu formulieren und sich nach dem verwendete sprachlichen Mittel zu fragen, kann helfen, sich einen Überblick über die gestalterischen Möglichkeiten zu verschaffen. Eine sinnvolle Abwechslung von Sprach- und Sprechstilen machte eine Rede lebendig. Einzelne Redeteile gestalten, ohne den Bogen der gesamten Rede aus den Augen zu verlieren. Wählt man für einen Abschnitt einen schnelleren Redestil, so empfiehlt es sich, nicht in den Sätzen zu hetzen, sondern die Pausen zwischen den Sätzen zu kürzen. Eine gute Orientierung bildet die Erinnerung ans eigene private Sprechen in vergleichbaren Situationen, wie sie in der Rede geschildert werden.

* * *

Ein Gedanke pro Satz.
Die Seele versteht kein Nein.
Verben rücken den Dingen auf den Leib. (Anne Gidion)

* * *

Wer es hat der sagt es nicht. Wer es sagt der hat es nicht.

memoria

Die Rede laut zu lesen, bevor man sie hält, ist ein unschätzbares Korrektiv in sprachlicher Hinsicht. Kommt man bei einem Satz ins Stocken, ist er zu lang. Zu viele Substantive machen eine Rede schwer und oft holperig. Fremdworte haben ihre eigene Dynamik. Im Allgemeinen hilft es, insgesamt leichter zu formulieren. Man kann sich auf die Grundregeln der Grammatik verlassen.

* * *

Die Rede laut zu lesen, bevor man sie hält, ist ein Korrektiv auch in performativer Hinsicht. Man kann wirklich ausprobieren, wie sich eine Rede spricht, man kann übertreiben in den gewählten Ausdrucksmöglichkeiten. Lautes lesen stärkt die Energie einer Rede und macht mit ihr vertraut.

* * *

Hat man sich als Redende einen Singsang angewöhnt oder ein betuliche Sprachmelodie zu Eigen gemacht, die die Zuhörenden in eine kindliche Rolle drängt, so ist es gut, Redetexte und auch andere Texte in konzentriert monotoner Sprechweise laut zu lesen. Auch hierbei hilft es, auf Kunstpausen zu verzichten und auf Anschluss zu lesen. Mit dieser Übung kann man seiner oft ins Unbewusste gerutschten Gewohnheit, in kindhaften Singsang zu fallen, entgegen arbeiten.

* * *

Sind Sie sich nicht sicher, ob Sie gut artikuliert sprechen? Oder sind Sie sich sogar sehr sicher, dies immer zu tun? Testen Sie sich selbst: Lesen Sie einen kurzen Text laut. Nehmen Sie einen Smartie und legen ihn auf Ihre Zungenspitze. Lesen Sie denselben Text nochmals laut. Lutschen Sie den Smartie auf und lesen Sie denselben kurzen Text noch einmal. Beschreiben Sie die unterschiedlichen Erfahrungen. Hierum können Sie auch gern Zuhörende bitte, falls Sie diese an Ihrem Test teilhaben lassen wollten. (Tanya Häringer)

* * *

Den Text als Rede vorzubereiten, zeigt sich in der Vorbereitung des Manuskriptes. Nicht nur die Buchstabengröße sollte an den Vortrag angepasst sein. Absätze helfen, sich im Manuskript zurechtzufinden. Markierungen von bewusst gesetzten Pausen erinnern im Vollzug. Besonders wichtige Sätze können einzeln gestellt werden, so dass es leichter fällt, sie sich einzuprägen und dann von Anfang bis Ende den Zuhörenden mit Blick zu ›senden‹.

* * *

Über eine Beuys-Performance mit einem Coyoten in New York: Eigentlich ist das für mich die ideale Metapher für den Umgang eines Schauspielers mit dem Text: Der Text ist der Coyote und man weiß nicht, wie er sich verhält. Aber wie bringe ich das einem Schauspieler bei, der gewohnt ist, wie ein Beamter mit einem Text umzugehen und den Text bestenfalls zu verwalten? (Heiner Müller)

* * *

Manches, was für die Art der Gestaltung wichtig ist, steht bereits im Text geschrieben, Satzzeichen, Absätze u.a. Sie so zu markieren, dass sie im Vortrag hilfreich sind, gibt Gelassenheit bei der Rede selbst.

* * *

Auf Manchen wirkt das Lob der freien Rede beängstigend. Einige Sätze auszuwählen und zum frei Sprechen zu markieren, wirkt entlastend und macht die Rede lebendig. Den Text Zeile für Zeile mit den Händen mitzuverfolgen kann eine gute Hilfe dabei sein, nach dem bewussten Aufsehen ins Publikum sicher ins Manuskript zurück zu finden.

* * *

Wenn nicht jetzt, wann dann? (Pirqe avoth)

CODA

Laut lesen

Eine der einfachsten Möglichkeiten, geschriebene Texte in Bezug auf ihre Sprache zu überprüfen, ist das laute Lesen. Hat der Lesende *prima vista* Schwierigkeiten, einen laut gelesenen Satz zu Ende zu bringen, ist dieser schlecht formuliert, zu lang, zu kompliziert oder grammatisch unklar gebaut. Hinzu kommen oft zu viele Substantive, relative Satzkonstruktionen, Adjektivreihungen. Das laute Lesen bringt es an den Tag. In seiner Folge können so manche sprachliche Fehler ohne fremde Hilfe gefunden, korrigiert und erneut überprüft werden. Die Lesende bemerkt, ob die Sprache ihr in den Mund passt, ob sie den Überblick über ihre Worte behält. Sollte beim lauten Lesen der eigene Text zu dicht heran rücken, empfiehlt es sich, ihn so monoton wie möglich und ohne erklärende Pausen auf Anschluss zu lesen. Diese Konzentrationsleistung lässt selbst vertraute Texte auf Distanz springen und sie treten einem als befremdliche Texte in ihrer Materialität gegenüber.

Lautes Lesen ist nach dem Erzählen eine der ältesten Kulturtechniken der Menschheit. An den großen Texten der Weltliteratur bildet sich insbesondere durch lautes Lesen die eigene Sprachfähigkeit heraus. Für den deutschen Sprachraum spielte hierbei die Bibel, insbesondere in der Übersetzung Martin Luthers, eine herausragende Rolle. Die Kraft ihrer Sprache kann man noch heute spüren, wenn man sie jungen Menschen, die die Bibel nicht oder nur wenig kennen, laut vorliest. Selbstverständlich sind große Texte auch geeignet, das laute Lesen selbst zu üben. Das ist unverzichtbar

für öffentliches lautes Vorlesen, etwa während eines Gottes-
dienstes. Aufmerksame Ohren bemerken nach wenigen Worten, ob die Lektorin geübt ist. Kein Schauspieler liest öffentlich Texte, ohne minutiös vorbereitet zu sein. Leicht wirkendes
Können Geübter verführt dazu, zu glauben, nicht üben zu
müssen. Üben heißt aber auch: vertraut werden. Wenn ein
mit dem Text nicht vertrauter Leser nicht gleich ins Stocken
gerät, rettet er sich meist in didaktische Manierismen. Einem
erklärenden Lesen sollte man eher misstrauen, es bevormun-
det die Hörenden, indem es Verstehens-Muster vorgibt.

Öffentliches lautes Lesen ist die Fortsetzung nichtöffent-
licher Lesepraxis. Auch sie tut gut daran, das laute Lesen im
Repertoire zu haben. Komplexe Texte, etwa philosophische,
lassen sich übrigens meist leichter verstehen, wenn man sie
sich laut vorliest. Zudem ist lautes Lesen ein Genuss ...

Zur Kulturtechnik ›Lautes Lesen‹ kommt eine spirituelle
Technik hinzu. Das laute Lesen heiliger Texte für sich und in
der Öffentlichkeit wird praktiziert, seit es geschriebene Texte gibt. In dieser Praxis bildeten sich wiederum verschiedene
Techniken heraus. Sie reichen von einem Rezitieren mit erho-
bener Stimme, was man nicht nur aus akustischen Gründen
tat, sondern auch, um Würde und Autorität der gelesenen
Texte herauszustellen. Ein singendes Sprechen (Psalmodie)
zumeist in genau bestimmten Tonfolgen kennzeichnet den
festlichen Vortrag, oftmals sogar in verteilten Rollen, bis
hin zum Singen. Viele dieser Techniken haben sich in unterschiedlichen Ausformungen in der christlichen liturgischen
Praxis erhalten und sind in musikalische Praxis übergegan-
gen (Sprechgesang, Rezitativ, Arie).

Lautes Lesen als spirituelle Technik ist schon im Alten Testament belegt, etwa im Buch Deuteronomium (31,10 f.). Es
ließe sich eine Homiletik aus der Lesung heraus entwickeln.
Im Neuen Testament wird dies von der synagogalen Praxis

her nahe gelegt (Apg 13,15 und Lk 4,16–21). Die liturgische Lesung, die *lectio*, nimmt im christlichen Gottesdienst aller Konfessionen einen zentralen Platz ein. Heute werden meist ausgewählte Ausschnitte (Perikopen) gelesen. Es gibt aber auch die fortlaufende Bibellese, die *lectio continua*.

Die Traditionen der Lesung biblischer Texte, täglich und im Rhythmus des liturgischen Kirchenjahres, zeigen die Werke Gottes und das Leben und Erlösungshandeln Christi, vergegenwärtigen sie und stellen vor unseren Augen Christus in ihnen dar. Im Vollzug der Lesung geht von den gelesenen Worten eine heiligende Wirkung aus, sowohl für den Lektor als auch für die gläubigen Hörerinnen und Hörer. Die Lesungen machen die Offenbarungen im Wort Gottes sichtbar und zielen damit auf die messianische Dimension der *lectio*, wie sie im lukanischen Jesuswort zum Ausdruck kommt: »Heute hat sich die Schrift in Euren Ohren erfüllt« (Lk 4,21). In ihrem performativen Verständnis rückt somit die *lectio* in die unmittelbare Nachbarschaft der Sakramente. Die Lesung »vergegenwärtigt performativ die Wirklichkeit dessen, was gelesen wird«[109].

In ihrer performativen Wirkung öffnet die *lectio* einen Zwischenraum zwischen Schriftlichkeit und Mündlichkeit; er unterstreicht die Bedeutung des lauten Lesens in praktisch-rhetorischem Zusammenhang. Zu bestimmten Zeiten des Kirchenjahres werden in monastischen Gemeinschaften die Ordensregeln während der gemeinsamen Mahlzeiten laut vorgelesen. »Die Regel gibt genaue Anweisungen, wie der Vorleser seinen Dienst antreten soll, wie er lesen soll, ohne Hast, und so, dass die Zuhörer deutlich vernehmen können, was ihnen die Regel zu tun gebietet. Das heißt jedoch, dass

---

109 GIORGIO AGAMBEN, Höchste Armut. Ordensregeln und Lebensform, Frankfurt a. M. 2012, 215 f.

unweigerlich der Moment kommen muss, in dem der Vorleser [...] jene Stelle liest, die ihm gebietet, täglich die Regel zu lesen. Was geschieht in diesem Moment? Wenn der Vorleser die übrige Regel liest, erfüllt er das Vorlesegebot, führt jedoch nicht aus, was die Textstelle gerade vorschreibt. Hier jedoch fallen das Vorlesen und die Befolgung der Regel zusammen. Indem er die Regel liest, die ihm vorschreibt, die Regel zu lesen, führt der Vorleser *ipso facto* die Regel performativ aus. Seine *lectio* realisiert also die exemplarische Redeinstanz, in der die Regel mit ihrer Ausführung zusammenfällt und die Befolgung von dem Befehl, den sie befolgt, nicht mehr zu unterscheiden ist. Die Dialektik von Mündlichkeit und Schriftlichkeit ist hier vollkommen: Es gibt zwar einen geschriebenen Text, tatsächlich lebt dieser jedoch nur durch die Lesung, die von ihm gemacht wird«. Der Text muss »in Gebrauch genommen« werden.[110]

An einer anderen Stelle wird die Lesung der Regel während der Mahlzeiten eine andere Form ihrer performativen Realisierung erfahren, nämlich dann, wenn der Vorleser von der Mahlzeit liest, während der die Regel gelesen wird. Hier realisiert sich die Regel als laut gelesener Text direkt im Leben der Mönche. Diese beiden Beispiele zeigen auf das Verhältnis zwischen Übung und rhetorischer Praxis. Hierfür steht das laute Lesen exemplarisch.

In der Praxis des lauten Lesens tut sich ein ganzer Katalog von gestalterischen Fragen auf: Wird also der Leser zu dem Text, den er liest, oder zu dem Buch, aus dem er liest? Wird eine Leserin Trägerin des Wortes Gottes im Gottesdienst? In welcher Haltung liest er? Versteckt sie sich hinter dem Pult, verleiht ihm das Pult seine Autorität? Woher hat ein Pult überhaupt eine Autorität? Wird das Pult vielmehr ein Teil

---

110   A. a. O. 110 f.

des lesenden Körpers, seine Stütze? Woher kommt das Buch? Wird es gebracht? Sollte es vielleicht von anderen Menschen gehalten werden? Woher erhält der oder die Lesende den Auftrag (*missio*), öffentlich zu lesen? Wer gibt den Auftrag? Ein Amtsträger, die versammelte Hörerschaft? Wie kann gestisch gezeigt werden, dass das Erteilen dieses Auftrags keinen hierarchischen Akt bezeichnet, sondern einen Akt des Teilens, vielleicht sogar der Gastfreundschaft? Diese Fragen können unterschiedlich beantwortet werden.

Im Augenblick des lauten Lesens verleiht der Lesende dem Text seine Stimme. Ein Text hat keine andere Stimme als die der laut Lesenden. Der menschlichen Stimme kommt in diesem Zusammenhang eine besondere Bedeutung zu. Sie ist zunächst ein »Zeichen von Präsenz«. Zugleich ist sie aber dieser Anwesenheit »entgegengesetzt«, sie geht ihr voraus und markiert einen »Überschuss« und somit die »Kehrseite« eines Textes. Sie ist »die Stimme diesseits des Zeichens und die Stimme jenseits von Logos und Sinn«[111].

Nicht zuletzt im Gesang wird der Charakter der Stimme als »Sprache der Leidenschaften« deutlich. Darüber hinaus trägt die Stimme »Kulturgeschichtliche Erinnerungsspur[en]«, die im Moment ihres Erklingens gegenwärtig werden. In der Stimme überdauern Erinnerungen, »akustische Ausdrucksgebärden«, die »etwas zum Ausdruck bringen können, für das die zeitgenössischen Codes keine Sprache bereithalten«[112]. Als »akusmatische Stimme«[113], deren erzeugen-

---

111 SIGRID WEIGEL, Die Stimme als Medium des Nachlebens: Pathosformel, Nachhall, Phantom. Kulturwissenschaftliche Perspektiven, in: DORIS KOLESCH/SYBILLE KRÄMER (Hg.), Stimme, Frankfurt a. M. 2006, 22.

112 A. a. O. 26.

113 Vgl. HELGA FINTER, Akusmatische Stimmen in Heiner Goebbels ,Stifters Dinge', in: Dies. (Hg.) Medien der Auferstehung, Frankfurt a. M. 2012, 157–163 und HEINER GOEBBELS, Stifters Dinge, ECM Records, München 2012.

der Körper unsichtbar oder abwesend, jedenfalls von ihm getrennt bleibt, kann die Stimme zu einem Medium eines Über- bzw. Nachlebens werden. Sie wird das trauernde Echo eines abwesenden Körpers, aber auch die Utopie des auferstandenen Körpers:»Er ist nicht hier«.

Vor diesem Hintergrund führt die Stimme zum letzten Horizont der *lectio*. Beim Lesen von Texten gehen wir im Allgemeinen von dem Gedanken aus, dass »jedes Werk zu jedem Augenblick einer unendlichen Interpretation unterzogen werden kann (unendlich im doppelten Sinn als Interpretation, die sich nie erschöpft und die unabhängig von ihrer zeitlich-historischen Situation möglich ist)«. Im lauten Lesen und einem entsprechenden Hören könnte sich jedoch ein anderes hermeneutisches Prinzip aktivieren. Es ist von Walter Benjamin geprägt:»Das Jetzt der Lesbarkeit«. Das bedeutet, dass »jedes Werk und jeder Text einen historischen Index in sich tragen, der nicht nur ihre Zugehörigkeit zu einer bestimmten Epoche anzeigt, sondern auch besagt, dass sie an einem bestimmten historischen Augenblick in diesem Sinn ihre Lesbarkeit erlangen« und unmittelbar aktuell werden. Im Moment des lauten Lesens kann ein solches Jetzt entstehen, denn lautes Lesen setzt sich aus, zeigt sich und wird darin erkennbar. Dann fällt das Lesen unmittelbar mit einem anderen Jetzt, dem »Jetzt der Erkennbarkeit« zusammen, mit »jenem kritischen, gefährlichen Moment«, welcher allem Lesen zugrunde liegt«.[114] Dieser Moment tritt in Aktion, wenn das Lesen ins Leben fällt.

---

114 GIORGIO AGAMBEN, Die Zeit, die bleibt. Ein Kommentar zum Römerbrief, Frankfurt a. M. 2006, 162.

Nachspiel

Szenen nach Motiven von
Shakespeare, Müller, Tzara, Jarry et al.

Zwei Beobachter (früher Totengräber), Hamlet, später Ophelia
An der Elbmündung sitzt Hamlet mit dem Rücken zum Publikum und schaut aufs Meer, wo fern eine Boje in regelmäßigen Abständen grün blinkt. Die Beobachter stehen weiter vorn seitlich auf der Bühne an einem Sandhaufen.

ERSTER BEOBACHTER: Oft geschieht es, dass er sich nach vorn wirft, wie das Meer auf den Strand.

ZWEITER BEOBACHTER: Aber er kann es noch nicht. Er wirft sich nach vorn. Kommt zurück und wirft sich von neuem vor. Seine Anstrengung wächst, er wird bald in Form kommen.

ERSTER: Er muss ja. Die Zeit ist aus den Fugen.

ZWEITER: Den Satz kenne ich, das ist Hamlet: The time is out of joint.

ERSTER: Ja, ja.

ZWEITER: Anstelle mit Ophelia zu tanzen, hatte Hamlet ein Verhältnis mit der Zeit.

ERSTER: Er hat mit der Zeit getanzt?

ZWEITER: Er hat sie zerbrochen. Und das Herz Ophelias wurde in eine Uhr verwandelt, eine Maschine. Hamlet war ein

Athlet der Zeit: Er bewegte sich in der Richtung der Zeit und zwar mit der gleichen Geschwindigkeit, denn er ist doch selbst Teil der Gegenwart.

ERSTER: Wenn wir während des Ablaufs der Zeit im absoluten Raum bewegungslos verharren könnten, d. h. uns plötzlich in eine Maschine einschlössen, die uns von der Zeit isolierte – abgesehen von der geringen normalen Geschwindigkeit der Dauer, in der wir aufgrund der Trägheit verharren –, dann würden alle zukünftigen oder vergangenen Augenblicke nacheinander erforscht werden, so wie der sitzende Betrachter eines Panoramas die Ilusion einer schnellen Reise durch rasch aufeinanderfolgende Landschaften hat.

ZWEITER: Er hat übrigens festgestellt, dass die Vergangenheit, von der Maschine aus gesehen, jenseits der Zukunft liegt.

ERSTER: Das hat Hamlet getan, in Shakespeares Stück? Er hat die Zeit aus den Fugen heben können ohne Zeitmaschine? Die kannte er ja auf keinen Fall.

ZWEITER: Das sagst Du. Er hat selbst eine solche Zeitmaschine erfunden.

ERSTER: Eine Hamletmaschine? Das ist jetzt aber nicht mehr Shakespeare!

ZWEITER: Ja, ja.

ERSTER: Und Ophelia? Was für eine Frau war Ophelia eigentlich?

ZWEITER: Sie hatte blondes Haar, so wie der Mond, der durch eine zerfahrene Wolke scheint. Sie war groß und sie war dünn.

ERSTER: Sie ist das Opfer einer Junggesellenmaschine geworden: Jedermann weiß, dass, wenn zwei elektrodynamische Maschinen miteinander in Kontakt sind, die mit der höheren Spannung die andere auflädt.

ZWEITER: Du willst sagen, dass wenn eine Maschine wirklich Liebe produzieren könnte ...

ERSTER: Ja, ganz recht, dann würde die Maschine sich in den Menschen verlieben.

ZWEITER: Wenn sie mit dem Schlachtermesser in eure Schlafzimmer tritt, dann werdet ihr die Wahrheit wissen.

ERSTER: Was soll denn das nun wieder heißen?

ZWEITER: Dada.

HAMLET: Wer da!

ZWEITER: Hamlet ist ein kleiner Mann von sanguinischem Temperament. Seine Epidermis ist blass, weil schlecht durchblutet.

ERSTER: Er hat aschblondes Haar und trägt keinen Bart mehr, seit er von der Universität zurück ist.

HAMLET: Ich bin nicht Hamlet. Ich spiele keine Rolle mehr.

ERSTER: Wittenberg! Seine sehr leise Stimme klingt rebellisch bei einigen Konsonanten.

ZWEITER: Er ist von gebeugter Haltung, aber nicht in den Schultern, sondern vom Kreuz her in der Art eines Wilden, der seiner Spur folgt.

HAMLET: Mein Drama findet nicht mehr statt.

ZWEITER: Moralisch gesehen ist er eher ein Sportler als ein Angeber.

ERSTER: Der Geist ist sein zufälliger Trainer, er vertraute ihm, nachdem er seine Zertifikate geprüft hat.

ZWEITER: Er hält, allen möglichen Vorwänden folgend, die Tat zurück, wenn er sich seiner Form nicht sicher ist.

HAMLET: Ich spiele nicht mehr mit.

ERSTER: Er will sich seiner Form nicht sicher sein.

ZWEITER: Auf eine Art und Weise der Unähnlichkeit stellt sich eine Beziehung zwischen Hamlet und Herkules her.

HAMLET: Ich bin nicht Hamlet.

ERSTER: Still, still, verstörter Geist! (*Beide zerren ihn nach vorn auf die Bühne*)

HAMLET: O löste dieses allzu feste Fleisch
Sich auf und schmölze weg in einen Tau!
Oder hätte der Ewige sein Gebot nicht

Aufgestellt gegen Selbstmord! O Gott! Gott!
Brich, Herz, und, Hamlet, beiss auf deine Zunge.

ERSTER: Erzähl keine Geschichten!

ZWEITER: Doch, du musst eine Geschichte erzählen, sonst funktioniert es nicht!

HAMLET (*mit Totenkopf*): Nun, seht ihr, welch ein nichtswürdiges Ding Ihr aus mir macht? Ihr wollt auf mir spielen; Ihr wollt tun, als kenntet Ihr meine Griffe; Ihr wollt in das Herz meines Geheimnisses dringen; Ihr wollt mich von meiner tiefsten Note bis zum Gipfel meiner Stimme hinauf prüfen: und in dem kleinen Instrument hier ist viel Musik, eine vortreffliche Stimme, dennoch könnt Ihr es nicht zum Sprechen bringen. Wetter! Denkt Ihr, daß ich leichter zu spielen bin als eine Flöte? Nennt mich, was für ein Instrument Ihr wollt, Ihr könnt mich zwar verstimmen, aber nicht auf mir spielen.
Ich war Hamlet. Ich stand an der Küste und redete mit der Brandung. Im Rücken die Ruinen von Europa. Die Hähne sind geschlachtet. Der Morgen findet nicht mehr statt. SOMETHING IS ROTTEN IN THIS AGE OF HOPE.
Laß mich dein Herz essen, Ophelia, das meine Tränen weint.
Der Rest ist Schweigen.

OPHELIA: Ich bin Ophelia. Die der Fluss nicht behalten hat. Ich grabe die Uhr aus meiner Brust, die mein Herz war. Ich gehe auf die Straße, gekleidet in mein Blut.
Willst du mein Herz essen, Hamlet (*lacht*)?

HAMLET: Sein oder Nichtsein ... ? (*lacht*): Leben ...

147